**엄마들의
목소리**

학원에 다닌 후 아이가 몇 번이나 무라카미 선생님이 대단하다고 하더군요. 다른 학원에 다닐 때는 선생님에 대한 경외감이랄까 존경심이 거의 없었기 때문에 깜짝 놀랐어요. 그리고 또 한 가지 손윗사람들에게 쓰는 말투도 바뀌고 어른들과 대화도 잘한답니다. 학력도 오르고 자립심도 키워 주셔서 무라카미 선생님께 정말 감사드려요.

아이가 진학한 학교 : 가이세이 중학교

초등학교 3학년 때부터 4년 동안 엘카미노 학원을 다녔어요. 중학교 입시는 아이뿐 아니라 부모도 너무 힘들어요. '아이가 무리하지 않는 선에서 어디까지나 아이를 위해서'라는 생각을 가진 무라카미 선생님께 배울 수 있어서 정말 다행이었어요. 아이도 그런 무라카미 선생님을 잘 따랐고요. 어느 학교를 가야 할지 망설였는데 아이가 "무라카미 선생님이 다녔던 학교로 가고 싶다."고 해서 무라카미 선생님의 모교인 스가모 중학교로 진학했답니다.

아이가 진학한 학교 : 스가모 중학교

아이를 큰 학원에 보냈을 때예요. "수학이 재미없어." 하는 아이 말에 엘카미노 체험 수업에 참가했어요. 수업에서 인상적이었던 건 문제를 몇 번이나 다시 풀면서 확인하는 거였죠. '문제를 풀었으면 끝. 주어진 것만 한다'는 자세였던 아이가 점점 바뀌더니 "수학이 재밌어요." 하더군요. '단지 중학교 입시가 목표가 아니다. 고등학교, 대학교에 진학하는 과정에서 인간으로서 성장할 수 있는 게 중요하다'는 무라카미 선생님의 생각을 알게 되어서 이 선생님께 아이를 맡기길 잘했다고 진심으로 생각하고 있어요.

아이가 진학한 학교 : 에이코가쿠인 중학교

학원이라고 하면 '아이에게 억지로 공부를 시킨다'는 이미지를 갖고 있는 분도 계실지 모르겠네요. 하지만 무라카미 선생님은 '어떻게 아이의 능력을 끌어낼지'를 항상 생각하시죠. 수학 올림피아드 강좌와 지쿠코카 수학 강좌(쓰쿠바 대학교 부속 고마바 중학교 수학 입시반)를 들으며 3년 동안 다녔는데 아이가 즐거워했던 모습을 돌이켜보면 '입시 학원에 간다기보다 놀러 다녔다'고 하는 게 맞을 거예요. 아이한테서 "무라카미 선생님이 만든 문제는 재밌어요!" 하는 말을 들었을 땐 얼마나 기뻤던지요.

아이가 진학한 학교 : 쓰쿠바 대학교 부속 고마바 중학교

"작은 학원이지만 좋은 선생님이 있다."는 소문을 듣고 아이를 데리고 무라카미 선생님을 뵈러 갔어요. 저도 학생 때 과외 교사를 했기에 '어떤 선생님일까? 무엇이 대단할 걸까?' 하는 점이 몹시 궁금했지요. 수업을 10분 정도 들었을 때 '이 선생님 아래서는 아이가 더 성장할 수 있겠다'는 생각이 들더군요. 아무튼 설명이 알기 쉽고 아이도 눈을 빛내며 수업을 듣고 있었으니까요. 이젠 중학생이 됐지만 지금도 무라카미 선생님을 존경하면서 학원에 다니고 있답니다.

아이가 진학한 학교 : 아자부 중학교

무라카미 선생님을 처음 만났을 때 '이 선생님이라면 입시만 생각하지 않고 앞으로 아이들 인생에 도움이 되는 '스스로 생각하는 힘'을 갖게 해 줄 것'이라고 생각했어요. 아이들에게 다가가 조금씩 힌트를 주는 지도법 덕분에 무엇이든 쉽게 포기하지 않게 되었고 지금은 매우 끈기 있게 도전하는 아이가 됐어요. 중학 입시를 통해서 자신감과 성취감을 느낀 것 같아서 정말 좋았다고 생각해요.

남매가 진학한 학교 : 조호쿠 중학교, 조시가쿠인 중학교

수학과학 전문 학원이라는 이야길 듣고 '어떤 선생님일까, 의지하기 힘든 선생님이면 어쩌지?' 하는 생각에 처음에는 조금 걱정했는데 쓸데없는 걱정이었어요. 아이들과 한마음으로 진지하게 수학 문제를 푸는 무라카미 선생님의 모습을 보고 '이 선생님이라면 안심하고 맡길 수 있겠다'는 생각이 들었어요. 또 아이도 그런 선생님을 아주 좋아하고 학원에 가는 걸 재미있어 했답니다.

형제가 진학한 학교 : 쓰쿠바 대학교 부속 고마바 중학교, 시부야쿄이쿠가쿠인 시부야 중학교

처음 무라카미 선생님을 만난 건 중학교 입시 설명회에서였어요. '수학 올림피아드 강좌를 여는 학원'이라는 점에 흥미가 생겨서 찾아갔지요. 부모에게도 중학교 입시는 미지의 세계죠. 여러 가지로 불안했어요. 그런 와중에 무라카미 선생님을 비롯한 엘카미노 학원 선생님들이 가족처럼 상담을 해 주셔서 정말 고마웠어요. 아이들 한 명 한 명을 제대로 봐주고 계시다는 인상이어서 부모 입장에서는 안심하고 맡길 수 있었어요.

아이가 진학한 학교 : 쓰쿠바 대학교 부속 고마바 중학교

무라카미 선생님의 이야기 중 '아이를 내버려 두는 것의 필요성'이 인상에 남았어요. 아무래도 부모는 자식들 잘되라는 생각에 '이것 해라, 저건 안 된다'며 일일이 참견하기 일쑤죠. 하지만 아이가 고등학교, 대학교에 가면 '스스로 생각하고 행동하는 능력'이 필요해요. 아이를 위한다는 생각으로 헛바퀴만 돌 뻔했던 때에 그 이야기를 들어서 얼마나 다행인지 몰라요.

아이가 진학한 학교 : 후타바 중학교

하루 10분
엄마 습관

평범한 아이도 공부의 신으로 만드는 기적의 교육법

하루 10분 엄마 습관

무라카미 료이치 지음 | 최려진 옮김

로그인

엄마가 아니면
결코 할 수 없는 일

저는 학원에서 주로 중학교 입시를 앞둔 아이들을 가르치고 있습니

다. 일본에서는 수도권(도쿄 전역과 가나가와 현, 사이타마 현 일부 지역)에 거

주하는 초등학생들이 명문 사립 중학교 입시를 치르는 경우가 흔합니

다. 정기적으로 어머니들과 면담을 하다 보면 이런 질문을 자주 받습

니다.

"어떻게 해야 우리 애가 공부를 할까요?"

"쉬는 날엔 게임만 해서 걱정이에요."

"요즘 제가 하는 말을 통 안 듣네요."

먼저 하고 싶은 말은 유감스럽지만 어느 날 갑자기 아이가 스스로 공부하는 일은 없다는 사실입니다.

다시 말해 '원래 아이들에게 공부란 고통'이라고 단언해도 지나치지 않습니다.

게다가 옛날에 비해서 텔레비전, 게임, 만화 같은 오락거리는 훨씬 많아졌습니다. 이런 유혹이 도처에 널려 있는 상황에서 아이들이 스스로 공부하기는 더 어렵다고 봐야 합니다.

하지만 비관할 필요는 없습니다.

부모가 마음가짐을 조금만 달리하고 언어 사용에 주의하면 아이는 틀림없이 달라집니다.

저는 면담과 강연을 하면서 지금까지 3,000명 이상의 어머니들을 만났습니다.

이 책은 공부를 좋아하고 자립심을 심어 주어 의욕적으로 살아갈 수 있게 도움을 주는 책입니다. '학원이나 학교가 아닌 엄마만이 할 수 있는 일' 그리고 '실제로 엄마가 하고 있는 일'을 알려드리겠습니다.

저는 '수학과학 전문학원 엘카미노'라는 소수정원제 학원의 대표입니다.

학창 시절부터 대형 학원에서 3대 명문 중학교(가이세이(開成), 아자부(麻布), 무사시노(武藏)) 입시반을 담당했고 나중에는 프리랜서 강사로 활동했습니다. 입시를 지도하면서 교재도 제작하여 도쿄 메지로(目白)에 개인 사무소를 냈습니다.

정식으로 학원을 열지 않은 때였지만 "비는 시간에 저희 애 좀 봐주실 수 없나요?"라는 부탁에 하나둘 받다 보니 학생 수가 점차 늘었습니다.

원래는 학원이 아닌 개인 사무소였기에 간판도 없고 광고도 하지 않았습니다. 팸플릿도 만들지 않았습니다. 아니, 아예 학원 이름조차 없었습니다.

그런데도 끊임없이 학생들이 찾아와서 어느새 스무 명이 넘었습니다. 심지어 사이타마(埼玉)나 지바(千葉)에서 전철을 타고 다니는 초등학생들도 있었습니다. 그렇다 보니 정식으로 학원 간판을 달지 않으면 찾아오는 분들께 미안한 생각이 들어 2006년 메지로에 작은 교실을 열었습니다.

들어가기 힘든 명문 중학교에 속속 합격하다!

이렇게 학원을 시작하여 8년 동안 '어머니, 아이, 학원'이 합심하여 온 힘을 쏟아 부었습니다.

그 결과 3대 명문 중학교 및 쓰쿠바 대학교 부속 고마바 중학교, 나다 중학교 등에 많은 제자가 합격했습니다.

특히 3대 명문 중학교에는 입시를 치른 학생 중 70퍼센트가 합격했습니다(일반 학원의 합격률은 약 20~30퍼센트 수준). 당시 학원 규모가 작아서 학생 수가 연간 20~30명 정도에 지나지 않았습니다. 그럼에도 8년 동안 명문 중학교 누계 합격자 수는 100명을 넘어섰습니다.

그러는 동안 '중학교 입시를 어떻게 준비할까', '수학 잘하는 아이로 키우는 방법' 등 입시를 주제로 강연해 달라는 의뢰를 많이 받았습니다. 지금은 연간 20~30회 강연을 하면서 매일 많은 어머니와 얼굴을 마주하고 있습니다.

●

엄마만이 할 수 있는 일이 있다

여기까지 올 수 있었던 비결은 저와 직원들이 노력한 것도 있지만 그 이상으로 아이들, 그리고 어머니들이 애썼기 때문입니다.

본래 아이들은 배우는 것, 알아 가는 것, 하지 못했던 일을 할 수 있게 되는 것을 좋아합니다. 그래서 <u>한 아이 한 아이의 공부 의욕을 제대로 끌어내 주어야 합니다.</u> 그 열쇠를 쥔 사람은 누구도 아닌 어머니입니다.

왜냐하면 아이에게 엄마의 존재는 절대적이기 때문입니다.

'사랑하는 엄마를 위해서 열심히 해야지.'

'엄마가 기쁘게 웃는 걸 보고 싶어.'

아이가 열심히 공부하는 이유를 파고들어 보면 이것밖에 없습니다.

"오늘 선생님한테 칭찬 받았어!" 아이가 자랑하면 "역시 우리 똑똑이!" 하며 기뻐하는 반응을 보입니다.

"구구단 끝까지 다 외웠어요!" 하고 아이가 말하면 "와, 대단하다! 엄마한테도 가르쳐 줘." 하고 대답합니다.

극단적으로 말하면 이것만으로 충분합니다.

아이 입장에서 엄마의 칭찬은 무엇보다도 기쁜 일입니다.

'엄마한테 칭찬 받는다', '그래서 기분이 좋다'를 거듭하는 사이 '공부는 참 재미있어!', '새로운 걸 아는 게 좋아!'로 아이의 의식이 조금씩 바뀌어 갑니다.

이렇게 만들 수 있는 사람은 엄마뿐입니다. 학원이나 학교는 못 하는 일입니다.

●

아이의 인생을 위해

원래 공부는 본인이 하겠다고 마음먹지 않는 이상 아무 것도 익힐 수 없습니다.

장시간 주입식으로 가르치는 것도 숙제를 왕창 내주는 것도 소용이 없습니다.

입시 학원 세계에서는 "중학교 입시에 인생을 다 걸었던 아이가 그 후로는 타 버린 장작개비가 되었다."는 안타까운 이야기가 종종 들려옵니다. 그래서야 무얼 위한 입시였는지 알 수 없습니다.

중요한 것은 아이의 자주성을 키우고 공부 의욕을 북돋는 것입니다.

이 책은 그것을 돕기 위해 만들었습니다.

책의 구성은 다음과 같습니다.

1장 아이가 스스로 공부한다! 공부하고 싶은 마음을 쑥쑥 키우는 방법

아이의 공부 의욕을 북돋기 위해 엄마가 할 수 있는 일을 소개합니다.

....

2장 교육맘이어도 좋다! 부모가 알아 두어야 할 것

많은 어머니가 고민하는 '훈육과 공부'에 관해 정리했습니다.

....

3장 아이가 잘 성장하는 가정은 이 점이 다르다!

많은 어머니와 이야기하면서 알게 된 '가정에서의 학습 포인트'를 이야기합니다.

....

4장 틀림없이 성적이 오른다! 마법의 공부법 11가지 규칙

'읽기, 쓰기, 셈하기의 중요성'을 비롯해 강력 추천하는 공부법을 소개합니다.

....

5장 완전 공략! 과목별 공부법

국어, 수학, 과학, 사회. '주요 네 과목의 구체적인 공부법'을 소개합니다.

....

이 책은 '어머니, 아이, 학원'이 합심하여 검증한 방법을 엄선하여

소개합니다. 읽는 것으로 끝내지 말고 반드시 한 가지든 두 가지든 생

활에 적용해 보기 바랍니다. 틀림없이, 아이의 변화에 놀랄 것입니다.

차례

1 장

아이가
스스로 공부한다!
공부하고 싶은 마음을
쑥쑥 키우는 방법

1

'나 이거 잘해!'라고
생각하면
스스로 공부한다

"어떻게 하면 아이가 공부를 좋아할까요?"

어머니들에게 많이 받는 질문이다.

'아이가 공부를 좋아하면 잔소리하지 않아도 스스로 공부하니까 성적도 오를 텐데' 싶은 마음은 충분히 이해한다.

그런데 진실은 그 반대라고 느낄 때가 많다.

●

'나 이거 잘해!'라는 자신감을 먼저 심어 주자

좋아하니까 잘하는 게 아니라 잘하니까 점점 좋아진다.

이게 바른 순서다.

초등학교 저학년 아이가 몇 번 계산을 빨리 하자 부모와 선생님이 계산이 빠르다고 칭찬을 했다. 그러자 아이는 계산을 잘한다는 자신감이 생겨서 계산 공부에 더 관심을 가졌다.

아이가 공부를 좋아하게 만드는 요령은 바로 '난 잘해'라는 자신감을 빨리 심어 주는 것이다.

나는 수업 시간에 한 아이 한 아이에게 '난 이걸 잘해'라는 자신감을 심어 주려고 노력한다. 어머니들과 면담할 때도 "어떤 일이든 좋으니 아이에게 '난 이걸 잘해', '난 할 수 있어'라는 자신감을 갖게 해 주세요." 하고 부탁한다.

다른 아이보다 '조금'만 더 잘하면 된다

어느 날 친구가 "나중에 우리 애를 고시엔(甲子園. 효고 현에 있는 야구장. 고교 야구 선수권 대회를 여기에서 하기 때문에 고시엔에 간다는 것은 출중한 야구 선수라는 의미다_옮긴이)에 보낼 거야." 하고 말했다. 사실 야구 선수로서 고시엔까지 간다는 것은 결코 쉬운 일이 아니다.

그래서 "어떻게 야구를 시킬 건데?" 하고 물었다. 그러자 친구는 "애들은 단순해. 다른 애들보다 조금만 더 잘해도 관심을 받기 때문에 자신감이 생기지. 그걸 계기로 점점 좋아하게 돼서 스스로 연습을 하거든. 그러니까 유치원 때부터 일찌감치 캐치볼을 해서 다른 애들보다 잘하게 만들면 돼." 하고 대답했다.

나는 '아하 그렇지!' 하고 감탄했다.

친구의 아들이 실제로 고시엔에 갈 수 있을지 없을지는 모르지만 초등학교 1~2학년 때 또래 아이들과 야구를 하는데 자신이 다른 아이들보다 잘하면 당연히 그 아이는 '나는 야구를 잘한다'고 느껴서 더 많이 하고 싶을 것이다.

그런 마음이 싹트면 그 후에는 스스로 쑥쑥 성장한다. 물론 야구에만 한정된 이야기는 아니다. 공부도 예술도 매한가지다.

○.

작은 것부터 '난 잘해 느낌'을 키워 주자

초등학교에 들어갔을 때 간단한 계산을 하고 글자를 읽고 쓸 수 있다는 것은 '나는 공부를 잘한다'는 자신감의 첫걸음이다.

그 이상의 선행 학습은 필요하지 않지만, 간단한 계산과 읽기, 쓰기를 할 수 있다는 데에서 생기는 '난 잘해'라는 자신감이 아이가 공부를 좋아하도록 이끄는 것은 틀림없다.

'난 잘해' 하고 생각하면 스스로 공부한다

그룹 1

나는 잘한다는 자신감이 싹트면 스스로 공부한다
우선 '난 잘해!'라는 느낌을 갖게 하자

2

과자를 먹으면서
공부해도
괜찮다!

텔레비전, 애니메이션, 게임 등 온갖 유혹이 넘쳐나는 상황에서 아이를 공부시킨다는 건 몹시 어렵다. 억지로 시키면 '공부는 고통스러운 것'이라고 생각해 점점 공부를 싫어하게 된다.

엄마의 말에 따라 아이는 달라진다

공부에 대한 거부감을 막기 위한 효과적인 방법은 엄마가 "공부는 참 재밌어, 그렇지?", "새로운 걸 알게 되니까 정말 좋구나." 하고 말하는 것이다.

아이가 어리다면 일부러라도 "오늘도 재밌는 공부할까?", "우리 아들(딸)이 잘하는 계산 문제를 풀어 보자." 하면서 즐겁게 공부를 시작해 보자. 의도적으로 '즐겁게 공부한다'는 표현을 써서 '공부는 즐거운 것'이라는 느낌을 갖도록 만드는 것이다. 단, 초등학생이라도 고학년에게는 이 방법이 잘 통하지 않으니 이때는 교재를 보면서 "이 문제 재밌는데?" 하며 관심을 유도하는 방식으로 바꾸어 보자.

아이는 엄마와 함께하고 싶다

아이들은 원래 엄마를 아주 좋아한다.

좋아하는 엄마 옆에서 주스를 마시고 과자를 먹으면서 공부하는 것은 아이에게 '즐거운 시간'이다. 그런 식으로 공부는 즐거운 시간이라고 느끼게 살짝 연출을 해 보자.

예전에는 '공부는 진지하게 차분한 환경에서 해야 한다'고 굳게 믿었다.

이것은 어떤 의미에서 공부를 지나치게 신성시한 것이다.

나는 공부를 그렇게까지 심각하게 생각할 필요는 없다고 본다. 초등학교 저학년이라면 과자를 집어 먹고 엄마와 이야기하면서도 충분히 공부할 수 있다. 오히려 그런 일상 속에 공부라는 요소가 들어 있는 느낌이 좋다고 생각한다.

"같이 앉아서 봐주고 싶지만 너무 바빠서……."

안타깝게도 많은 어머니가 직장이나 집안일로 매우 바쁘다 보니 시간을 내기 힘들다는 점은 잘 알고 있다.

하지만 초등학교 저학년 아이가 해야 하는 공부 시간은 고작 20~30분이다. 그 시간을 어떻게든 확보해서 아이와 함께 '즐거운 시간'을 보내기 바란다.

그조차 어렵다면 하루 10분이라도 괜찮다. 잠깐이라도 좋으니 '매일 공부하는' 습관을 붙이는 것이 나중을 위해서 중요하다.

○

아이도 싫은 일은 오래 계속하지 못한다

아이도 '하기 싫은 일'을 매일 하는 것은 고통이다. 아무리 부모가 밀어붙인다 해도 습관이 되지 못한다.

그러기에 더욱 공부를 신성화하지 말고 '과자를 먹으면서 하는 즐거운 시간'이라는 느낌을 갖게 하라.

본래 초등학교 저학년 아이들은 '배우는 것', '알게 되는 것', '못 하던 일을 잘하게 되는 것'을 싫어하지 않는다.

공부 시간은 즐거운 시간이라고 생각하게 하는 방법

그림 2

➡ **공부는 힘든 것이라는 이미지가 생긴다**

➡ **공부는 즐거운 것이라는 이미지를 갖는다**

*초등학교 저학년까지 이 방법을 쓰면 효과적이다

3

기쁨의 세리머니와
특별한 동그라미로
아이가 쑥쑥 자란다

아이들을 관찰해 보면 공부를 잘하는 아이일수록 뭔가 문제를 해결했

을 때 "아싸!" 하고 V자를 그리거나 주먹을 쥐고 적극적으로 기뻐한다.

이 기쁨의 세리머니는 매우 중요하다. 즐거움과 성취감을 몸으로 표

현하면 의욕과 동기부여 효과가 높기 때문이다.

당신의 아이는 무언가 해냈을 때 환호하며 기뻐하는가?

최근 쿨하고 냉정한 아이들이 늘고 있다고 한다. 스포츠든 공부든 쿨한 아이에 비해 감정 표현이 풍부하고 기쁨이나 아쉬움을 표현하는 아이 쪽이 쑥쑥 성장한다. 부모는 아이가 제대로 감정을 표현할 수 있도록 노력해야 한다.

예를 들어 아이가 "오늘 학교에서 이런 문제를 풀었어." 한다면 싱글벙글 웃으며 "와, 대단한데!" 하고 추어올리거나 하이파이브를 한다.

공부나 스포츠뿐 아니다. 아이와 함께 맛있는 음식을 만들었다면 "드디어 완성!"이라고 외치며 함께 기뻐한다. 청소나 정리정돈이 끝나면 "청소 끝!" 하면서 하이파이브를 한다.

이런 일상적인 일들에 환호하거나 하이파이브를 해 보자.

부모가 기뻐하는 모습을 보이면 아이들은 쾌감과 성취감을 느끼는 동시에 뭔가 달성했을 때는 이렇게 기뻐하는 거라는 감정 표현을 배운다.

이러한 쾌감은 틀림없이 공부에도 도움이 될 것이다.

특별한 동그라미를 그려 주자

함께 환호하거나 하이파이브를 하는 것 못지않게 특별한 동그라미도 큰 효과가 있다.

아이가 문제집을 푼 후 부모가 채점을 할 때가 있다.

그럴 때 조그맣게 동그라미를 치는 부모가 많은데 나는 "동그라미는 꼭 커다랗게 그려 주세요." 하고 당부한다.

어떤 부모는 틀린 문제에만 빗금을 긋고 정답에 동그라미를 안 치는데 그건 절대 안 된다.

커다란 동그라미를 그려 주면 아이는 성취감을 느끼고 더욱 의욕이 솟는다. 특히 가장 좋은 것은 '꽃 모양 동그라미'다.

그래 봐야 동그라미지 하고 우습게 볼 게 아니다.

◉

꽃 모양 동그라미 덕에 합격하다

예전에 우리 학원에 꽃 모양 동그라미를 대단히 좋아하던 남자아이가 있었다. 맞게 푼 문제에 크게 동그라미를 치고 해바라기처럼 꽃잎까지 그려 주면 "아싸아~." 하며 엄청나게 좋아했고 문제를 풀고 나면 "선생님, 꽃 모양 동그라미 쳐 주세요." 하면서 일부러 가져올 정도였다.

가끔 평범한 동그라미만 쳐 주면 "선생님, 이건 꽃 모양이 아니잖아요?" 하고 아쉬워하기도 했다. "이 답은 꽃 모양 동그라미를 칠 정도가 아니구나." 하고 내가 대답하면 아이는 뭐가 부족했는지 필사적으로 생각해서 더 수준 높은 답을 쓰려 애썼다.

결국 그 아이는 들어가기 어렵다는 어느 중학교에 합격했다. 그 후 아이의 어머니에게 편지 한 통을 받았는데 "선생님의 꽃 모양 동그라미 덕에 합격했습니다. 감사합니다."라고 쓰여 있었다.

나는 그 편지를 읽고 감동했다. 그 어머니는 꽃 모양 동그라미의 가치를 제대로 이해하고 있었기 때문이다.

그 어머니는 틀림없이 가정에서도 아이에게 꽃 모양 동그라미를 그려 주었을 것이다. 또한 아이가 엄마를 도와주었을 때는 "잘했어. 고마워." 하고 꽃 모양 동그라미처럼 최상의 반응을 보였을 것이다.

그런 섬세한 의사소통이 아이에게는 무척 중요하다.

●

순수한 아이로 키우려면?

"그까짓 꽃 모양 동그라미가 뭐람."이라고 하는 냉정한 아이로 만들 것인가 "꽃 모양 동그라미 받으면 기분 좋으니까 열심히 해야지!" 하고 순수하게 받아들이고 성장하는 아이로 만들 것인가.

그것은 유치원부터 초등학교 저학년까지 부모가 어떻게 해 왔는지에 달렸다.

 '그깟 꽃 모양 동그라미'라고 부모가 비웃으면 틀림없이 아이도 똑같이 느낀다. 부모가 먼저 특별한 동그라미나 기쁨의 세리머니, 하이파이브의 가치를 인정하고 아이와 함께 기뻐하는 게 중요하다.

4

이런 말 한마디가
아이의 의욕을
빼앗는다

학원에 다니던 한 아이가 시험을 보고 50점을 받았다.

그 아이는 그때까지 최고 점수가 20~30점이었다. 50점을 받았다는

건 아이 나름대로 노력을 했다는 증거다. 나는 아이에게 "50점을 받다

니 정말 잘했구나." 하고 칭찬해 주었다. 그런데 아이는 전혀 기뻐하지

않고 오히려 50점밖에 못 받았다고 자책했다.

왜 그런지 이야기를 들어보니 부모님이 20점에서 50점으로 올랐다는 점은 전혀 칭찬하지 않고 "고작 50점이니? 아직도 형편없어!" 하고 질책만 했다는 것이다.

◉

노력을 제대로 평가하자

부모는 자기 아이가 50점이 아니라 90점을 받으면 좋을 것이다. 그 마음은 충분히 이해한다.

하지만 그 아이는 정말 열심히 노력해서 20점을 50점으로 올린 것이다. 그 점을 확실히 칭찬하지 않으면 아이는 의욕을 잃고 만다.

나는 그 아이에게 "무슨 소리야. 네가 열심히 했으니까 30점이나 오른 거잖아. 정말 대단한 일을 해낸 거야. 그러니까 당당해도 돼." 하고 되풀이해서 일러 주었다.

그렇게 '좋은 점'과 '열심히 노력한 부분'을 칭찬해 주자 아이는 '다음에는 만점을 목표로 열심히 해야지' 하는 마음이 생겨나 성적이 계속 조금씩 올랐다.

●

아이의 성장에 관심을 보이자

자녀가 노력하여 조금이라도 성장했다면 그것이 얼마나 멋진 일인지 분명하게 알려 주어야 한다.

아이에게 좀 더 잘하기를 기대하는 마음이 결코 나쁜 것은 아니지만 그럴 때일수록 '새로이 잘한 것'과 '성장한 부분'을 칭찬해 주어야 힌다.

5

쑥쑥 자라는 아이는
이 점이 다르다

아이에게 무언가 알려 주었을 때 나타나는 반응은 두 가지다. 첫째,

장난치며 훼방을 놓는다. 둘째, 다양한 것에 관심을 나타낸다.

말할 것도 없이 공부를 잘하고 인간적으로도 쑥쑥 성장하

는 아이는 여러 가지에 관심을 보인다.

하지만 아이들 세계에서 인기가 있는 쪽은 모두를 웃기는 장난스러

운 아이다. 이 부분은 대단히 고민스럽다.

예를 들어 수학 수업 중에, 중학교에 올라가면 정수도 소수도 분수도 아닌 전혀 새로운 '루트'라는 걸 쓴다고 얘기해 주면 뭐든 관심이 있는 아이는 눈을 빛내며 "그건 어떤 숫자예요?", "어떻게 써요?"라고 질문한다.

한편 매사 장난스러운 아이는 "그거 입학시험에 나와요?", "지금 안 배워도 되는 거죠?"라고 말하며 선생님의 설명에 딴지를 건다. 그러면 주위 학생들은 덩달아 왁자하게 웃음을 터뜨린다.

어느 시대든 어른 말에 딴지를 거는 아이는 또래 사회에서 쉽게 인기를 끈다. 그렇지만 그건 좋지 않은 문화다.

그래서 우리 학원에서는 어른들 말에 딴지를 걸거나 다른 방향으로 끌고 가려는 아이에게 철저히 주의를 주고 엄격하게 야단친다.

반대로 순수한 흥미와 호기심을 보이는 아이에게는 "그렇게 느끼다니 대단한데!", "감각 있구나.", "훌륭해." 하고 칭찬해 준다.

○

아 이 는 부 모 의 모 습 을 보 며 자 란 다

이런 '장난스러운 문화'는 부모의 영향도 있다.

예를 들어 어느 부모는 전혀 의식하지 못한 채 아이가 하는 말을 대수롭지 않게 무시하거나 부정적인 반응을 보인다.

아이가 "오늘 이런 걸 알게 됐어요.", "이걸 해냈어요." 했을 때 쉽게 "여태 그런 것도 몰랐단 말이야?", "누구나 할 수 있는 일이잖아.", "그런 걸 안다고 사는 데 전혀 도움 안 돼."와 같이 대꾸한다.

물론 아빠, 엄마가 나쁜 의도로 그렇게 말하는 것은 아니다. 일상적인 방식으로 즐겁게 이야기를 나누고 아이를 가볍게 놀리기도 하면서 밝은 분위기를 만드는 가정은 많다.

물론 나도 그 자체를 부정할 마음은 없다. 다만 모처럼 아이가

'이런 걸 알게 됐다'고 말하는데 그걸 대수롭지 않게 여기면 아이도 똑같은 반응을 보이기 시작한다는 점을 알아두어야 할 것이다.

●

자신감을 심어 주는 정도가 좋다

아이가 무언가를 배웠다, 무언가를 해냈다, 열심히 하겠다고 이야기한다면 부모는 "대단하구나.", "훌륭해.", "열심히 하렴."이라고 순수하게 긍정적으로 반응하는 것이 좋다.

그 말을 듣고 아이가 자신감을 얻는다면 그걸로 충분하다.

만약 아이가 장난스럽게 넘기려고 한다면 "왜? 그거 되게 재밌는데?.", "이거 굉장히 감동적이고 대단해." 하며 부모가 솔직하게 감동하거나 감탄하는 태도를 보여 주자.

아이는 부모를 보고 자란다

그림 3

✗ 악의 없는 부정적 반응을 보인다

그딴 거 알아서 뭐에 쓰겠니?

➡ 어른들 말에 딴지 거는 아이가 된다

◯ 항상 긍정적으로 반응한다

엄마도 궁금해! 엄마한테도 가르쳐 줄래?

네!

➡ 긍정적이고 구김살 없는 아이로 자란다

6

지적인 대화를
장려하는
가정 문화를 만들자

어머니가 생각하는 이상으로 가정에서 나누는 대화는 중요하다. 따라서 가정에서는 되도록 지적인 이야기를 많이 나누는 것이 좋다.

이를테면 대화 중에 "예부터 가을은 천고마비의 계절이라고 하는데……."와 같은 말을 하는 것도 멋지다.

그 외에도 속담이나 위인들의 명언, 사회에서 일어난 일,

세계 정세 등 '살짝 지적인 화제'를 섞으면 아이는 흥미를
갖고 듣는다.

나도 수업 중에 여러 분야의 이야기를 하는데 똑똑한 아이, 집에서
지적인 대화를 하는 아이일수록 어떤 이야기든 흥미를 보인다.

반면 그런 이야기를 했을 때 "그거 수업이랑 상관있는 얘기예요?",
"그런 얘긴 필요 없어요." 하고 딴지를 걸거나 무관심한 아이일수록
집에서도 그다지 지적인 대화를 하지 않는다는 방증이다.

어른의 얘기에 딴지 거는 게 재미있어서 하는 소리일 수도 있지만
'시험에 나오는지 안 나오는지'와 같은 좁은 범위에서만 모든 걸 파악
한다면 그건 너무 안타까운 일이 아닐까?

○

아이의 호기심을 자극하는 이야기 주제

아이들이 그런 태도를 보이는 이유에는 사회의 풍조도 한몫하는 듯하다.

누군가 지식을 드러내 보이면 '뭘 그리 아는 척인지', '짜증나게 말이 길어' 같은 힐난을 듣는 분위기에 부모도 아이도 휩쓸려 버리는 것은 어쩔 수 없는 일인지 모른다.

하지만 지식이 풍부하다는 것은 멋진 일이고 지적인 대화를 즐기는 것은 인간이 성장하는 데 대단히 중요한 요소다.

부디 가정에서도 지식이나 아는 것을 스스럼없이 이야기하고 적극적으로 지적인 대화를 즐기는 분위기를 만들기를 바란다.

가끔 수업 중에 '주제에서 약간 벗어난 어른들 세상의 이야기' 중 돈에 관한 이야기를 들려주면 아이들의 눈은 빛난다.

'FX란 무엇인가', '주식 시스템은 어떤 것인가'와 같은 주제는 초등학생에게는 조금 어려울 것이라 생각했는데 막상 설명을 시작하자 의외로 아이들은 흥미진진한 표정으로 빠져들었다.

●

생활에 밀접한 화제와 관련지어 설명한다

그밖에도 "최근 환율이 올라서 기름값이 많이 올랐다."고 말하면 "그건 왜 그런데요?", "환율이 오르면 좋은 점은 없나요?" 질문하며 관심을 보인다.

집에서 돈 이야기를 하라고 주장하는 건 아니지만 아무래도 돈 이야기, 손해와 이득에 대한 이야기가 아이들에게 대단히 매력적인 듯하다. 가정에서도 환율과 연관해서 이야기하거나 TPP(Trans-Pacific Partnership. 환태평양경제동반자협정. 아시아·태평양 지역 경제의 통합을 목표로 2005년에 체결된 다자간 자유무역협정이다_옮긴이)와 관련지

어 설명하는 등 의식적으로 약간 지적인 소재를 섞어 가며 이야기하면
아이들의 감각도 크게 달라진다.

　돈에 관련한 문제는 입시에 나오기도 하므로 지식으로 알아 두면
좋다.

의식적으로 지적인 대화를 하자

그림 4

아이들은 의외로 흥미를 보인다
호기심을 키우는 데도 도움이 된다

7

아이의
말장난에
많이 웃어 주자

아이들은 말장난을 좋아한다. 어린아이가 생각하는 말장난이다 보니 '파리는 팔리 날아', '옆집 담장 새로 쌓았담' 수준이다. 그래도 이런 말장난에 주위에서 어떻게 반응하느냐는 매우 중요하다.

나는 지금까지 많은 아이를 보아 왔는데 말장난을 좋아하고 잘하는 아이들은 공부도 잘했다.

특히 국어 성적이 좋았다.

부모의 가장 좋지 않은 태도는 아이의 말장난을 무시하는 것이다.

아이가 말장난을 할 때 부모가 "어우, 썰렁~.", "너무 유치해!" 하는 경우가 많은데 되도록이면 재미있다고 웃어 주자. 아이에게는 엄마가 웃어 주는 것이 가장 기쁜 일이다. 말장난을 했을 때 엄마가 웃는다면 '또 생각해서 엄마를 웃게 해 줘야지' 하는 마음을 먹는다.

●

국어 성적이 쑥쑥 오른다

예전에 수학과 과학은 잘하지만 국어에 약한 남자아이가 있었다. 수학과 과학을 잘하니 논리력이 있어서 국어도 잘할 터였다. 하지만 어휘가 부족한 탓에 국어 성적이 오르지 않아 고민이었다.

친구들과 이야기할 땐 언제나 농담을 하며 신나게 떠들었지만 아이의 부모는 진지한 분들이어서 아이의 말장난이나 농담을 제대로 받아 주지 않았다.

그래서 아이 부모님께 "○○이는 말장난이나 농담을 하면서 어휘력이 늘고 어감을 익힙니다. 될 수 있는 대로 아이의 말장난을 받아 주고 재미있다고 해 주세요."하고 부탁했다.

그러자 아버지 어머니도 적극적으로 협조해서 "그거 참 재밌네!"하며 아이의 농담을 즐겁게 받아 주기 시작했다. 그것만이 이유는 아니겠지만 그 학생은 국어 성적이 올라서 결국 원하던 학교에 입학했다.

8

올바른
감정 표현을
분명히 가르친다

기쁨의 세리머니가 얼마나 가치 있는지는 이미 설명했다. 그런데 요즘 아이들은 감정 표현이 약한 경향이 있다.

이전에 우리 학원에 다니던 아이가 1지망 학교에 합격했다. 아이의 어머니는 눈물을 흘리며 좋아했고 나와 학원 선생들도 대단히 기뻐했다. 하지만 정작 아이는 감흥 없이 가만히 있었다. "왜 그래? 기쁘지 않니?" 하고 물어보았더니 "굉장히 기뻐요." 하고 담담하게 대답했다.

그 아이가 특이한가 하면 결코 그렇지 않다. 성격이 쿨하다고나 할까, 제대로 감정을 드러내지 않는 편이다. 비단 아이들만의 문제가 아니다. 아버지 어머니가 감정을 그다지 드러내지 않는다는 점도 영향을 미쳤을 것이다.

사실 '감정 표현'은 어느 정도 가르쳐 주지 않으면 아이들은 알 수 없다.

뭔가 기쁜 일이 있으면 "우와!" 하고 뛰어오르면서 팔을 쳐들거나 하이파이브를 하면서 기뻐한다. 슬픈 일이 있으면 "마음이 아파.", "너무 슬퍼."라고 표현하고 공유한다.

그런 감정 표현을 연습하거나 경험하지 않으면 감정의 변화와 표현 방법을 배울 수 없다.

부모가 보기에는 그렇게 큰일이 아니더라도 꽃이 시들면 "꽃이 시들어서 슬프다. 불쌍해." 또는 "내년에 다시 필 때를 기대해야겠다."고

한다면 아이는 꽃이 시들었다는 슬픔과 가엾게 여기는 감정을 배우고 표현 방식을 경험한다.

이처럼 부모가 의식적으로 아이에게 감정 표현 방법을 알려 주는 것도 중요하다.

○

「금빛 여우」를 읽은 아이의 감상

동화 『금빛 여우』는 일본에서 국어 교재 등에 자주 인용된다.

처음에는 장난만 치던 '곤'이라는 여우가 어느 날 마음을 바꾸어 먹고 남자를 위해 먹을거리를 가져다준다. 그렇지만 남자는 집 앞에 온 여우를 보고 장난을 치러 왔다고 생각해서 총을 쏜다. 나중에야 그는 여우가 먹을거리를 가져왔다는 사실을 알고 후회한다(금빛 여우 곤은 어느 날 한 남자가 물고기를 잡고 있는 것을 본다. 장난삼아 남자가 잡은 장어를 갖고 도망치는데 얼마 후 그 남자가 어머니 장례를 치르는 모습을 목격한다. 어쩌면 그의 어머니가 마지막으로 장어를 먹고 싶다고 해서 겨우 잡은 것을 자신이 빼앗았는지도 모른다는 생각에 곤은 후회한다. 그 후 속죄하는 마음으로 남자의 집에 계속해서 밤과 버섯을 가져다주는데 우연히 곤을 발견한 남자는 또 못된 장난을 치러 왔다고 생각해서 총으로 쏘아 죽인다. 뒤늦게 곤이 가져온 밤을 발견한 남자는 후회를 한다_옮긴이).

그런데 인터넷에 어떤 부모가 "우리 딸이 곤이 총에 맞는 장면을 읽으면서 '자업자득이야.', '장난을 쳤으니까 그렇지.'라고 하는데 어떻게 가르쳐야 할지 모르겠다."는 글을 올려 논란이 인 적이 있다.

꽤 난감한 상황이라고 생각하지 않는가?

혹시 당신의 아이가 "곤이 총에 맞은 건 자업자득이야.", "장난만 쳤으니까 총 맞는 게 당연하지."라고 반응한다면 어떻겠는가?

'올바른 감정 표현'을 알려 준다

그림 5

POINT '무엇을 어떻게 느낄지'는 부모가 제대로 가르친다

국어 문제는
'극히 보통의 감정을 느끼는 방법'을 이해하지 못한다면 풀 수 없다

희로애락은 부모가 가르치는 것

최근의 국어 교육과도 관련이 있는 이야기인데, 아무래도 요즘은 어떻게 느끼는지는 개인의 자유이며 다양성을 중시해야 하고 감상의 방향을 강제해서는 안 된다는 풍조만 강해지고 있는 듯하다.

확실히 소설을 읽고 '이런 식으로 느끼세요'라고 감상까지 강요하는 것은 문제가 있다.

다만 유치원생이나 초등학교 저학년생 등 감정이 무엇인지 아직 배우지 못한 단계에서 그저 자유롭게 느끼면 된다고 내버려두는 태도 또한 지나치다고 생각한다.

역시 부모나 학교가 어느 정도까지는 '올바른 감정'과 '감정 표현'을 분명히 알려 주어야 하지 않을까?

어떻게 느낄지를 강요하라는 얘기는 결코 아니지만 그 장면 속에 있는 슬픔이나 후회, 안타까움과 아쉬움을 알려 주는 정도는 필요하다.

기본적인 감정의 변화와 느낌을 알게 된 다음 각자가 어떻게 느끼는 지는 그야말로 개성과 다양성을 중시하면 될 일이다.

○

보통의 감각이 중요하다!

입시 국어 공부에 관련한 얘기를 더 하자면, 작가가 어떤 의도로 이 얘기를 썼을까, 일반적으로는 어떻게 느끼는 장면일까, 하는 문제는 보통의 느낌, 말하자면 '바른 느낌'을 이해해야 정답을 찾을 수 있다.

개인의 자유로운 발상이나 개성도 물론 소중하지만 아이가 어른이 되어 가는 과정에서 제대로 배워야 하는 감정의 변화도 분명 존재한다.

적당한 균형을 잡기는 쉽지 않은 일이지만 아버지 어머니가 '바른 감정 표현'을 의식하면서 아이에게 꼭 전달해 주기 바란다.

아이와 함께 감정을 공유하자

아이와 함께 책을 읽거나 만화를 볼 때 "아, 잘 해결돼서 정말 다행이야." 혹은 "이거 너무 슬퍼."라며 부모와 아이가 감정을 공유하는 방법이 있다. 애니메이션도 괜찮다. 한국에서도 인기리에 방영되고 있는 「도라에몽」이나 「짱구는 못 말려」 또는 디즈니 애니메이션을 보면서 "이 장면 감동적이지?", "나는 그 장면에서 엄마가 불쌍해서 눈물이 났어." 하는 이야기를 나누는 것도 중요하다.

"너는 어떻게 느꼈니?" 하고 캐묻거나 감정을 강요하지 않고 아버지 어머니가 느낀 감정과 감동을 먼저 말해 주면 충분하다.

그러는 동안 아이는 감정의 변화와 표현 방식을 체험적으로 배운다.

9

경쟁을
부정하지 말고
칭찬하라

공부든 다른 분야든 남과 비교하는 건 좋지 않다. 그렇지만 경쟁은

필요하다.

물론 부모가 지나치게 경쟁을 부추길 필요는 없다.

그러나 아이 스스로 'ㅇㅇ이한텐 지기 싫다'는 라이벌 의

식이 있다면 적어도 그 마음은 부정하지 말자.

"이번 시험에서 ○○이를 이겼어." 하고 아이가 말하면 "그렇게 다른 애랑 비교할 필요는 없어. 너 스스로 열심히 하면 되는 거야." 하거나 "그런 소리 하면 너한테 진 ○○이가 가엾잖니." 하고 첫 마디에 경쟁심을 부정하는 어머니가 있다.

결코 그럴 필요가 없다. 이 나이 때는 ○○이를 이겼다고 좋아하는 아이의 기쁨을 함께하며 칭찬해 주는 것이 오히려 아이에게 도움이 된다.

"와, 정말 잘했구나. 그럼 다음에도 이길 수 있게 열심히 해야겠네!"

사실 나도 중학교 입시를 눈앞에 두었을 때 라이벌이 있었다. 경쟁심이 불타오른 나는 '저 애한테는 지고 싶지 않다'는 생각으로 온 힘을 다했고 그 친구 역시 내게 지지 않겠다는 마음으로 열심히 공부했다.

그 결과 둘 다 성적이 올랐으니 라이벌 의식이 결코 나쁜 것은 아니다.

경쟁심, 라이벌 의식은 아이가 성장하는 데 중요한 에너지다. 그 마음을 안이한 생각으로 부정해서는 안 된다.

라이벌 관계를 억지로 만들 필요는 없다

다만 여기서 주의해야 할 점은 부모가 과도하게 부채질하거나 먼저 나서서 "○○이한텐 절대 지면 안 돼!" 하며 억지로 라이벌 관계를 만들어서는 안 된다는 것이다.

"○○이는 이번 수학 시험에서 90점을 받았다더라. 그런데 너는 고작 75점이니?"

이런 식으로 비교한다면 아이는 단박에 의욕을 잃는다.

아이 스스로 생긴 경쟁심을 부정하지 않는 정도에 머물러야지, 부모가 억지로 라이벌을 만들며 부채질해서는 안 된다. 또한 형이나 누나와도 비교해서는 안 된다.

"형은 훨씬 열심히 했는데 넌 뭐니."

이런 식의 비교도 반드시 피해야 한다.

올림픽이나 월드컵을 함께 보자

좋은 의미에서 경쟁심을 심어 주기 위해 나는 자주 부모님들께 올림픽이나 월드컵을 꼭 아이들과 같이 보라고 한다.

최선을 다하는 선수들을 보면서 이렇게 말해 보자.

"참 훌륭하네. 저 선수들은 이기기 위해서 엄청나게 노력하고 있잖아."

"엄마도 질 순 없지. 내일부터 나도! 아자!"

열심히 노력하는 대상, 동경의 대상을 자연스럽게 만들어 주면 아이의 의욕은 쑥쑥 자란다.

그래서 나는 올림픽 방송을 본 다음 날 수업 시간에 "어제 올림픽 봤니? 다들 엄청나게 연습했을 거야. 멋지지?" 하고 이야기한다.

물론 초등학생도 고학년쯤 되면 "그딴 거 보고 감동하진 않아요." 하고 딴지 걸기도 한다. 그럴 때는 "아냐, 대단하잖아! 노력하는 사람을 보면 감동받지 않니?" 하고 말해 준다.

●

노력은 멋진 거라고 알려 주자

내가 그렇게 이야기하는 것은 '노력하고 온 힘을 다하는 건 멋진 일이야', '최선을 다하는 사람들처럼 나도 열심히 해야지!' 하는 의식과 마음을 조금이라도 키워 주고 싶기 때문이다.

그로부터 생겨나는 경쟁심, 라이벌 의식, 지기 싫은 마음, 동경하는 존재를 보며 노력하는 마음은 공부에서든 스포츠에서든 아이의 성장을 크게 촉진한다.

그런 마음을 키우기 위해서도 안이하게 경쟁을 부정하지 말고 아이의 의욕을 잘 끌어내야 한다.

2장

교육맘이어도 좋다!
부모가
알아 두어야 할 것

10
'교육맘'을 응원합니다

최근 교육맘이라는 호칭을 반기는 사람은 거의 없다. 이 책을 읽는

어머니 중에도 '교육맘'이라는 단어에 부정적인 사람이 많으리라.

하지만 솔직히 교육맘이 뭐가 나쁜가 싶다.

교육열이 강해 아이를 제대로 공부시키는 어머니라면 오히려 매우

훌륭한 어머니가 아닌가?

세상의 모든 교육맘께 부디 가슴을 펴고 아이를 키우라고 부탁하고 싶다.

점점 많은 사람이 공부만 잘해서는 안 된다고 생각한다.

공부만 잘한다고 성공하는 세상이 아닌 것도 사실이다.

그렇지만 운동을 잘하는 아이, 음악이나 그림에 재능이 있는 아이는 그 하나만으로도 훌륭하다고 높이 사면서 왜 공부 잘하는 아이에겐 "공부만 잘해서는 안 된다."고 말하는 것일까. 그것은 완전히 잘못된 생각이다.

부모가 '공부 잘하는 아이가 되도록' 필사적으로 교육하는 것은 아주 옳은 일이다.

물론 세상에는 자식 사랑이 너무 지나쳐 열심을 내는 방향이 잘못된 부모도 있다. 그런 사람들은 해야 할 일, 해서는 안 되는 일, 열심히 해야 하는 올바른 방향을 다시 제대로 파악해야 한다.

그렇지만 교육열이 높다는 것 자체는 결코 잘못이 아니다.

●

주위의 목소리에 지지 않기, 꺾이지 않기

아이를 교육하다 보면 주변 사람들이 "아이한테 그렇게까지 시킬 필요는 없잖아요.", "내가 애 키울 때는 그런 것까진 안 했다."며 교육에 대한 당신의 열성을 비난하는 사람이 분명히 있다.

하지만 아이 교육에 열심인 어머니들은 부디 그런 소리에 현혹되지 말고 '교육맘'이라고 불리기를 두려워도 말며 계속해서 아이 교육에 힘을 쏟기 바란다.

●

교육열이 대단히 높았던 맹자 어머니

나는 강연회 등에서 '맹모삼천지교(孟母三遷之教), 맹모단기지교(孟母斷機之教)'라는 고사성어를 자주 소개한다. '맹모'는 중국의 유명한 유학자인 맹자의 어머니다.

맹자의 어머니는 교육열이 대단히 높았다. 맹자가 어렸을 때 무덤 가까이 살다 보니 거의 매일 장사 지내는 놀이만 하였다. 그 모습을 보고 아이를 키울 환경이 아니라고 판단해 곧바로 이사를 한다.

이사한 곳은 시장 근처였다. 거기서도 맹자가 물건을 사고파는 흉내를 내며 노는 것을 보고 다시 이사를 결심하고 이번에는 학교 근처로 옮겼다. 학교라는 환경 덕분에 맹자는 그때부터 열심히 공부하였다고 한다. 이 이야기에서 생겨난 것이 '맹모삼천지교'라는 말이다.

교육은 그만큼 환경이 중요하다는 의미다. 맹자의 교육을 위해 세 번이나 이사한 어머니의 열정에 나는 감동했다.

그 후 유학을 떠난 맹자가 불쑥 고향으로 돌아온다. 베틀에 앉아 있던 어머니는 짜고 있던 베를 끊어 버리면서 "학문을 중단하고 돌아오는 것은 이렇게 짜던 베를 도중에 끊어 버리는 것과 같다."고 말하며 맹자를 학교로 돌려보냈다.

이 일화가 바로 맹모단기지교다.

군은 각오를 품고 필사적이지 않으면 학문을 익힐 수 없다는 어머니

의 엄격한 가르침이 훗날 훌륭한 맹자를 만든 것이다.

◉

가슴을 펴고 아이를 키워라

나라도 시대도 다른 맹자의 어머니 이야기를 하는 것은 그 정도로

교육에 열성적이어도 좋다는 의미에서다.

자녀 교육은 생각처럼 되는 일이 아니다. 오히려 골치 아픈 일투성

이다. 하지만 부모가 교육열이 높다는것 자체는 결코 나쁜 일이 아니

다. 부디 당당하게 가슴을 펴라.

11

완벽한 교육을 꿈꾸는
초조맘이 되지 말자

우리 아이의 자립심을 좀 더 키우려면 어떻게 해야 할까?

칭찬으로 키우는 게 중요하다고들 하는데 야단치지 않고 칭찬만 하

는 편이 좋을까?

다른 사람들처럼 유치원 때부터 영어 회화를 시켜야 할까?

세상의 모든 학부모는 이런 의문과 불안을 끌어안고 살아간다. 내게도 많은 상담과 질문이 밀려든다.

교육열이 높은 사람일수록 책이나 인터넷, 학부모 모임 등에서 많은 정보를 얻기 때문에 이것저것 시켜야겠다는 마음이 든다.

바둑이 좋다고 하면 바둑을 가르치고 속셈이 필요하다고 하면 얼른 속셈 학원에 보낸다. 음악 학원에 보내면 절대음감이 생긴다는 얘기를 듣고는 다음 날 당장 피아노를 가르친다. 내가 만나 본 학부모 중에도 이런 분이 한둘이 아니었다.

이것저것 다 시키려고 하지 말자

그런 학부모께 하고 싶은 얘기는 "그렇게 이것저것 다 시키지 않아도 괜찮다."는 것이다. 물론 영어 회화를 가르쳤더니 우등생이 되었다거나 공부만 해서는 안 되니까 체육관을 보냈더니 체력이 좋아졌다는 다른 집 아이들의 성공담을 들으면 우리 애도 그걸 시켜야 하지 않을까 하는 초조한 마음이 들 것이다.

하지만 그럴 때일수록 냉정해야 한다.

차분하게 자신의 아이를 살피며 이 아이에게 뭐가 필요한지, 학원을 여러 군데 보내면 아이가 지치지 않을지 생각해 보아야 한다.

그리고 가장 중요한 것은 부모 자신이 아이 키우기를 즐겨야 한다. 그게 제일이다.

'더 좋은 학원은 없을까?', '좀 더 좋은 교재는 없을까?' 고민하면서 아이를 위해 애쓰는 어머니라면 조금쯤 어깨에서 힘을 빼 보자.

'아이를 위해!'라는 마음이 너무 무거워 초조해하거나 한숨을 쉰 적이 있는가?

아이는 엄마의 기분에 아주 민감하게 반응한다. 그럴 때일수록 아이가 보내는 '나 힘들어', '엄마한테 어리광 피우고 싶어'라는

완벽한 교육을 꿈꾸지 말자

**이것저것 하다 보면
부모도 아이도 녹초가 된다**

신호를 놓치지 않도록 하자.

부모가 아무리 애를 써도 완벽한 교육은 할 수 없다. 애초에 완벽한 자녀 교육이란 존재하지 않기 때문이다.

●

자기 나름의 자녀 교육을 즐기자

가장 중요한 것은 세간의 풍조나 엄마들의 의견, 체험담에 흔들리지 말고 자기 나름의 자녀 교육을 즐기는 것이다.

이 책에서 설명한 다양한 내용을 전부 실천하라고 요구할 생각은 털 끝만큼도 없다. 오히려 "이걸 다 실천하다가는 부모도 아이도 뻗어 버릴 겁니다." 하고 경고하고 싶다.

아무쪼록 자신의 아이에게 맞는 것, 필요한 것을 냉정하게 판단하여 선택하기 바란다.

12

엄마의 '감'은
대개 옳다

강연 등에서 자주 하는 이야기인데, '엄마의 감'은 허투루 볼 게 아
니다.

만약 어머니에게 '아이가 좀 피곤해 보이는데?', '학교에서
무슨 일이 있었던 걸까?' 하는 느낌이 온다면 그건 십중
팔구 맞는다고 봐야 한다.

'그냥 기분 탓이겠지', '내가 너무 예민한 거야' 하고 무심히 넘길 게 아니라 '뭔가 있는데?', '좀 이상해' 하는 느낌이 들면 그 '감'이 맞다고 생각하고 아이에게 말을 걸며 주의 깊게 관찰해야 한다.

아이들은 정말 작은 일에도 상처받거나 초조해하고 울적해한다. 하지만 그 사소한 변화, 신호를 엄마가 알아채면 문제는 반 이상 해결된 거나 마찬가지다.

가장 주의해야 할 것은 '아이가 부모 눈치를 보는' 순간이다.

'이렇게 말하면 엄마가 기뻐할까?', '이걸 하고 싶다고 말하면 틀림없이 칭찬하실 거야' 하는 생각에 아이는 계속해서 무리를 한다.

이를테면 "공부하기 힘드니?", "학원 다니는 거 괜찮아?" 하고 물었을 때 아이가 어떻게 대답하는지 주의를 기울이자. 아이는 "힘들어요", "가기 싫어요" 하면 부모가 슬퍼하거나 싫어한다는 걸 알기 때문에 "아니, 괜찮아요.", "공부 재밌어요." 하고 대답한다.

●

아이의 말을 곧이곧대로 듣지 말자

아이에게 "괜찮니?", "힘드니?" 물어 본 다음에는 아이의 대답을 덮어놓고 그대로 받아들이면 안 된다.

뭐라고 대답하는지는 물론이고 표정이나 몸짓, 말투 따위를 살펴서 지금 아이가 어떤 상황인지, 실제로는 어떻게 느끼고 있는지 알아내는 것도 중요하다.

공부를 하거나 학원을 선택할 때 부모는 아이가 '스스로 좋아서' 하는 상황을 기뻐한다. 그래서 아이는 힘이 들어도 본인이 '스스로 좋아서' 하는 체한다. 냉정한 눈으로 신중하게 아이의 본심을 읽어 내기 바란다.

13

부모가
공부를
좋아하는 척하라

아이가 공부를 좋아하게 만들고 싶다면 무엇보다도 부모가 먼저 공

부를 좋아해야 한다.

일반적으로 의사나 변호사, 정치가의 아이들이 학력이 높은 이유는

부모가 공부를 좋아한다는 요인이 큰 것으로 보인다.

집에서 부모가 습관처럼 책이나 신문을 보거나 공부를 하면 아이도

자연스럽게 따라하게 되고 뭔가를 알게 되거나 공부하는 것은 즐거운 일이라는 의식이 자란다.

지금까지 많은 부모와 아이를 보았지만 역시 부모가 공부를 좋아하면 아이도 공부를 좋아하는 경향이 있다.

그렇다고 해도 원래 공부를 싫어하던 사람이 부모라는 이유로 당장 공부를 즐기기는 어렵다. 그럴 때는 하다못해 공부를 좋아하는 척이라도 하기 바란다.

아이와 함께 책을 읽을 때는 "책 읽는 건 정말 즐거워." 하고 억지로라도 말해 보자. 혹은 새로운 것을 알면 "오호, 우주는 이렇구나. 재밌는데!" 하고 감탄하는 등 배우는 것은 즐거운 일이라는 점을 아이에게 보여 주기 바란다.

또한 함께 텔레비전을 볼 때 역사 속 인물이 등장하면 "지금 나오는 링컨은 노예를 해방시킨 미국의 대통령인데 말이지……." 하고 아버지 어머니가 아는 재미있는 일화를 들려주는 것도 좋다.

아 이 는 부 모 를 보 고 자 란 다

이처럼 부모가 공부를 좋아하는 척만 해도 아이는 더 많이 공부하고 싶다, 즐겁다고 자연스럽게 느낀다.

아이에게는 공부하라고 말해 놓고 부모는 소파에 파묻혀 텔레비전 예능 프로그램만 보고 있다면 아이라고 공부를 좋아할 리 없다.

초등학교 저학년 때부터 배우는 것은 즐겁다고 의식할 수 있다면 그 후에도 틀림없이 도움이 된다.

14

우리 애는
말을 안 들어요……
그게 정상입니다

"우리 애는 도대체 말을 안 들어."

"자꾸만 반항해."

부모라면 반드시 직면하는 고민이다.

그런데 나는 '아이란 말썽도 피우고 반항도 좀 해야 하는

게 아닐까' 생각한다.

자신의 인생을 살지 못한다

예전에 근무하던 학원에 이런 여자아이가 있었다.

평소 성실하게 공부하고 성적도 좋았으며 부모님 말씀도 고분고분

잘 따랐다.

그 아이가 고등학교 입시를 마친 날이다.

대부분의 아이들은 시험이 끝난 해방감에 즐겁게 노는데 그 아이는

부모에게 "오늘은 무슨 공부를 해야 돼요?" 하고 묻는 것이었다.

그 모습을 보고 나는 아이에게 뭔가 문제가 있다고 느꼈다.

결국 안타깝게도 그 아이는 1지망 학교에 합격하지 못했는데 어쩐지

이해가 갔다. 한마디로 그 아이는 자신의 인생을 살지 못했던 것이다.

입시와 공부, 그 밖의 모든 일에서 그 아이는 그저 시키는 대로 한

다는 습관에 빠져 있어서 '자기 자신'이 거의 없어진 것이다.

어떻게 봐도 건강한 모습은 아니다.

●

말썽을 부리는 건 잘 크고 있는 증거

공부든 입시든 바로 자신의 일이라고 생각하는 아이는 자립적으로 행동하며 시험에 붙을 확률도 높다.

그래서 나는 아이가 어느 정도는 부모가 하라는 걸 하지 않고 반항하거나 때로는 말썽을 부리는 편이 좋다고 생각한다. 그것은 아이 나름의 솔직한 메시지, 신호이기도 하고, 부모가 시키는 대로가 아닌 자신의 인생을 걷기 위한 연습이기도 하기 때문이다.

아이가 말을 듣지 않거나 말썽을 부리고 학원이나 숙제를 빼먹고는 거짓말을 한다면 부모는 당연히 야단을 쳐야 한다. 단단히 야단을 쳐야 마땅하다.

다만 야단을 치면서도 마음속으로는 '이 정도 반항은 잘 크고 있다는 증거'라고 냉정하게 인정하기 바란다.

착 한 아 이 는 풀 수 없 는 문 제

입시 국어 시험에 종종 부모에게 반항한 아이의 이야기, 친구끼리 장난을 치다가 야단맞는 이야기 등을 제시하면서 그 상황과 심정에 관해 묻는 문제가 나온다.

그렇지만 부모가 하는 말을 무조건 따르는 이른바 '착한 아이'는 그런 체험을 아예 해 본 적이 없어서 이야기에 등장하는 주인공의 기분을 전혀 이해하지 못한다.

정도의 문제는 있지만 역시 아이는 아이답게 부모에게 반항하거나 말썽을 부리거나 때로는 문제를 일으키면서 성장해야 한다.

조금 말썽을 부린다면 안심해도 좋다

그림7

원래 아이란 부모 말을 듣지 않는 법이다
말썽이나 반항은 '제대로 크고 있다는 증거'라고 생각하자

15

공부할 시간인데도
알아서 공부하지 않는 건
당연하다

'공부할 시간이 되면 스스로 알아서 한다.'

많은 부모가 그런 아이 모습을 상상하고 기대한다.

그렇지만 유감스럽게도 그런 아이는 거의 없다. 나는 지금까지 많은

아이와 부모들을 가까이서 봤지만 "우리 애는 공부할 시간이 되

면 스스로 알아서 한답니다." 하는 소리를 들어 본 적이

없다.

어쨌거나 아이가 스스로 알아서 공부하기를 바라는 것은 당연하다. 특히 입시를 준비하는 아이라면 스스로 알아서 공부할 필요가 있다.

◉

훈육과 공부의 관계

여기서 기억해야 할 점은 '훈육'과 '공부'를 혼동하지 않는 것이다. 사실 '정해진 시간이 됐으니까 스스로 알아서 공부한다'는 것은 훈육의 영역에 속한다.

아침에 정해진 시각에 일어난다든가 텔레비전 시청이나 게임 시간을 준수하고 심부름을 하는 등 일상생활에서 훈육이 잘 되어 있지 않다면 정해진 시간에 공부를 시작하는 일 역시 어렵다.

게다가 아이는 공부를 싫어한다. 먼저 일상생활에서 시간을 지키고 규칙을 준수하는 것부터 시작해 보자.

- 아침이면 정해진 시각에 일어난다

- 미리 준비해서 지각하지 않는다

- 텔레비전 시청 시간을 정해 둔다

이런 일상 규칙을 정해서 매일 지킨다. 그 토대를 갖추어야 공부 시간에 공부를 한다.

이미 설명한 것처럼 아이는 부모가 하는 말을 듣지 않는 게 당연하고 반항하는 것이 자연스러운 모습이다. 다만 아이가 그러더라도 부모는 꾸준히 바로잡으며 훈육해야 한다.

16
알아채기를
바라지 말라

많은 어머니가 아이가 알아채고 스스로 행동하기를 바란다.

예를 들어 저녁 8시부터 공부할 시간으로 정했을 때 많은 엄마가 시간이 다가오면 "곧 8시구나." 또는 "벌써 8시네." 하는 식으로 혼잣말처럼 한다. 그 말 속에는 8시가 됐으니 공부하라는 뜻이 숨어 있다.

공부할 시간이라고 직접 일러 주지 않아도 '곧 8시'라고 지나가듯 말한 것만 듣고 아이가 스스로 공부하기를 기대하는 것이다.

그러다 8시 15분이 되어도 공부하지 않으면 "8시부터 공부하기로 했잖아!", "알아서 좀 못 하니?" 하면서 화를 낸다.

반면 아버지들은 "8시가 됐으니 공부해라." 하고 분명하게 직접 말하는 편이다.

이렇게 알아채기를 기대하는 언어 습관, 에둘러 말하는 방식을 무의식중에 사용하는 어머니가 많은데, 안됐지만 아이는 엄마가 기대하는 만큼 어른스럽지 않다. 초등학생에게 말 속에 숨은 뜻을 알아채고 스스로 공부할 것을 기대하기는 아직 이르다.

아이는 "곧 8시구나." 하는 말의 속뜻을 전혀 알아채지 못했으니 8시 15분에 엄마가 갑자기 화를 내면 당황한다.

게다가 아이들은 좋든 나쁘든 학습하는 동물이다. 이런 일이 반복되면 8시부터 공부하기로 정했지만 15분까지는 게임을 해도 괜찮다는 경험을 학습한다. 엄마는 상황을 파악해서 스스로 공부하기 바라는 마음에 인내심 강하게 기다렸을 15분을 아이는 엄마가 허용하는 범위라고 해석해 버린 것이다.

그런 해석의 차이가 있으니 아이가 아직 어릴 때는 반드시 할 말은 분명하게 직접 해야 한다.

"8시부터 공부하기로 했으니까 이제 텔레비전 끄고 공부하렴." 하고 말하여 공부할 준비를 시키자.

17

숙제를 안 한
아이에게
절대 해서는 안 되는 말

아이는 대단히 재미있는 존재여서, 부모나 선생님이 "넌 훌륭해.",
"참 똑똑하다."고 말하면 점점 그대로 되어가고 "가망이 없어.", "만날
성적이 바닥이네." 하면 정말로 성적이 뚝뚝 떨어진다.

이것을 전문적으로 설명하면 부모나 선생님이 긍정적인 말을 하며
아이에게 기대를 걸었을 때 그에 반응해서 쑥쑥 성장하는 현상이라고

하고 심리학 용어로 피그말리온 효과라고 한다.

반대로 "어차피 가망이 없어." 하고 부정적인 말을 하면서 기대하지 않는 태도를 보이면 그에 맞추어 점점 형편없어지는 것을 골렘 효과 라고 한다.

피그말리온 효과와 골렘 효과는 모두 세계적으로 인정받은 연구다.

그렇게 보면 부모나 선생님이 부정적으로 말하지 않고 긍정적으로 대하는 것이 얼마나 중요한지 알 수 있다.

흔히 듣는 부정적인 표현으로 "넌 만날 그 모양이지!"라는 말이 있다.

우리 학원에서도 숙제를 안 한 아이가 있어서 어머니에게 알렸더니 "대체 넌 왜 숙제도 제대로 안 하니! 만날 그 모양이야." 하는 것이었다.

"만날 그 모양이지!"라는 말은 금물

어머니 말이 사실이기는 하지만 "만날 그 모양이지!"와 같은 표현은 되도록이면 피해야 한다.

물론 숙제를 안 하는 건 바람직하지 않다. 그래도 "왜 숙제를 안 했니? 다음엔 꼭 할 거지?"라고 말하는 게 좋다. 야단칠 부분은 따끔하게 야단쳐야 하므로 우리 학원에서도 물론 엄하게 혼낸다.

하지만 '항상' 숙제를 안 하니까 야단치는 게 아니라 '오늘' 숙제를 안 했으니까 야단친다는 입장을 벗어나면 안 된다. 항상 숙제를 안 하는 아이라는 부정적인 생각을 부모나 선생님이 갖고 있으면 아이는 그 나쁜 기대에 맞추어 자라나기 때문이다.

마찬가지로 시험지를 받아왔을 때 엄마가 별 생각 없이 "넌 계산 문제를 정말 못하는구나."라든가 "맞춤법을 왜 만날 틀리니?" 하고 말할 때가 있다.

어머니는 아이에 관해 잘 알고 있으니 이 애는 계산을 잘 못한다, 맞춤법이 자주 틀린다는 사실을 물론 알고 있다.

하지만 아이 앞에서 그 사실을 말할 때는 요령이 필요하다.

○

할 수 있다고 말한다

설령 계산 문제를 잘 못하더라도 주의 깊게 관찰하면 분수 계산을 특히 못하고 소수 계산은 그럭저럭 하는 등의 차이가 분명히 있을 것이다.

그럴 때 "매일 소수 계산 문제를 풀더니 역시 소수 계산은 잘하는구나. 분수 문제도 매일 조금씩 해보면 분명히 잘할 거야." 하고 격려하는 식으로 말하는 방법을 조금 바꾸어 보자.

아버지 어머니가 부정적으로 말하지 않고 아이에 대한 기대감을 표현하면 아이는 '그런가?', '그래, 하면 되는 건가 봐.' 하고 서서히 달리 생각하기 시작한다.

초등학교 고학년, 중학생이라면 말하는 방식을 조금 바꾸어야겠지만 아직 어릴 때라면 부모의 말이 직접 전달되어 아이의 성장에 영향을 미치므로 유념하자.

피그말리온 효과로 아이를 키운다

그림 8

골렘 효과

➡ 부정적인 말을 하면 나쁜 영향이 나타난다

피그말리온 효과

➡ 긍정적인 말을 하면 쑥쑥 성장한다

18

훈육에
이론적 설명은
필요 없다

학원을 경영하다 보니 당연히 많은 학부모에게서 "어떻게 하면 공

부 잘하는 아이로 만들 수 있나요?", "자발적으로 공부하게 하려면 어

찌해야 할까요?" 같은 질문을 받는다.

'이렇게 하면 공부를 잘한다'는 특효약은 없다.

하지만 훈육을 제대로 하는 것은 아주 중요하다.

이 책에서도 몇 번인가 설명했지만 정해진 시각에 공부한다는 것은 매우 중요한 습관이다. 다만 이것은 '한번 정한 규칙은 반드시 지킨다'는 훈육이 이루어진 후에 따라온다.

'정한 시각에 일어난다'거나 '텔레비전은 7시부터 8시 반까지 본다'는 규칙을 지키지 못하는데 공부 시간만 지키게 하려는 것은 어불성설이다.

훈육이란 '어쨌든 이렇게 해야만 하는 사항'을 아이가 반드시 지키게 만드는 것이다.

세상에는 이유를 분명하게 설명해야 한다는 교육론도 많다. 나도 그게 틀렸다고 부정할 생각은 없다.

○

이유를 대며 훈육하면 이유 따지는 아이가 된다

많은 아이를 만나 보는 동안 나는 이유를 대며 훈육한 아이는 이유에만 연연한다는 점을 느꼈다. 예를 들어 "이 계산 문제를 풀어라." 하면 "왜 해야 돼요?", "시험에 나와요?" 하는 질문이 날아든다.

하나를 보면 열을 안다고 복도에서 조용히 걸으라고 하면 "왜 그래야 돼요?", "어째서요?" 하고 대꾸하고, 예의바르게 인사하라고 하면 "그게 무슨 의미가 있어요?", "안 해도 되잖아요?" 하고 되묻는다.

심지어는 "왜 공부를 해야 하나요?" 하면서 계속해서 이유에 집착한다.

그러므로 부모는 이유를 설명하는 데 집착하지 말고 '옳은 일', '해야 할 일', '해서는 안 되는 일'을 단호하게 훈육하기 바란다.

19

아이의
"왜?" "어떻게?"에
대답하는 법

아이들은 천진하게 이것저것 질문한다.

"노을은 왜 빨개요?"

"왜 철은 자석에 달라붙어요?"

"전구는 어떻게 빛을 내요?"

모두 소박하지만 어른도 대답하기 힘든 질문이다.

그럴 때 많은 부모가 직접 찾아보라고 대답한다. 스스로 알아보는 아이가 되기 바라는 마음도 있지만 마음 깊숙이에는 귀찮음도 조금은 있을 것이다. 그러고는 "꼭 바쁠 때 옆에 붙어서 이것저것 물어본다니 까요……." 하고 핑계 아닌 핑계를 댄다.

하지만 그걸 귀찮다고 생각해서 아이에게 직접 찾아보라고 한다면 거의 예외 없이 스스로 찾아보는 아이가 되지 못한다.

왜냐하면 부모가 찾기 귀찮아하면 당연히 아이도 역시 귀찮아서 찾으려고 하지 않기 때문이다.

우선은 아이의 질문 중 대답할 수 있는 게 있다면 망설이지 말고 즉시 대답해야 한다. 스스로 찾아보는 것도 중요하지만 나는 즉각 알려 줘도 좋다고 생각한다.

●

의문을 품었다는 점을 우선 칭찬하자

무엇보다도 아이가 의문을 품었다는 자체가 소중한 일이고 뭐든 금세 질문하는 감성이 있다는 점도 훌륭하다.

그러니 부모는 아이의 의문에 바로 답한 후 "그런 생각을 다 하고 대단한데!" 하면서 의문을 품었다는 것 자체를 칭찬하기 바란다.

실제로 나도 수업 중에 학생이 생각지 못한 질문을 하면 "그게 이상하다고 느끼다니 아주 감각이 뛰어나구나.", "선생님은 전혀 상상도 못 했는데 일깨워 줘서 고마워." 하며 의문을 가졌다는 자체를 칭찬한다.

언젠가 수업 중에 "지구의 자전축이 기울어져 있기 때문에 태양이 지지 않는 지역이 있단다."라고 백야를 설명했더니 한 아이가 "그럼 반대로 태양이 뜨지 않는 지역도 있겠네요. 그건 뭐라고 불러요?"라고 질문한 적이 있다.

예리한 질문에 '과연 그렇구나' 하고 감탄했다.

"예리한 생각이다. 확실히 논리적으로 보면 태양이 뜨지 않는 지역도 있겠네. 그건 뭐라고 할까……."

나는 우선 의문을 떠올린 점을 칭찬한 후 이어서 말했다.

"나도 모르니까 잠깐 찾아보자." 한 후 나는 그 자리에서 인터넷으로 검색해 보았다.

그렇게 해서 백야의 반대는 극야라는 것을 알게 되어 아이들에게 알려 주었다.

이 일화에서 중요한 건 두 가지다. 하나는 의문을 품었다는 점을 먼저 칭찬한다는 것이고 나머지 하나는 모르는 것은 함께 조사한다는 것이다.

●

찾아보는 즐거움을 아이와 부모가 공유하자

아이의 소박한 의문에 함께 고민하는 일이 쉽지 않지만 가능한 한 함께 찾아보면서 "와아, 이런 거였구나. 재밌네." 하고 알게 된 즐거움을 아이와 공유하기 바란다.

물론 부모가 바빠서 그 자리에서 바로 알아볼 수 없을 때가 있다. 그때는 이렇게 말해 보자.

"지금은 저녁을 차려야 해서 바쁘니까 이따가 같이 찾아보자."

부모가 아이의 질문에 같이 공부하고 즐거워한다면 아이도 점차 찾아본다는 행위 자체를 따라할 것이다.

"왜?" "어떻게?"라는 질문에 대답하는 법

언제나 "네가 직접 찾아봐"라고 한다

➡ 의문(호기심)을 갖지 않는다

같이 공부하고 즐거워한다

➡ 찾아본다는 행위가 습관화된다

20

'공부해라'와 '나가 놀아라'를 한 세트로

아이는 어른들이 생각하는 것보다 많은 스트레스를 받는다. 공부는 물론이고 학교에서 부딪히는 인간관계도 스트레스다. 어쩌면 부모의 표정을 살피는 스트레스도 있을지 모른다.

●

바깥에서 신체 활동을 하는 동안 스트레스가 해소된다!

부모가 꼭 이해해야 할 것은 '아이는 밖에서 신체 활동을 해야 스트레스가 해소된다'는 점이다.

집 안에서 텔레비전을 보거나 게임을 하면 스트레스가 풀리는 것처럼 보여도 진정한 의미에서 스트레스는 해소되지 않는다.

역시 밖에 나가서 햇빛을 받고 바람을 맞으면서 몸을 움직여야 한다. 이렇게 하지 않으면 마음의 휴식이 되지 않는다.

그렇지만 요즘 아이들은 밖에서 노는 시간이 형편없이 부족하다. '바깥은 위험하니까', '집에서 게임하는 게 좋으니까' 등 이유는 여러 가지지만 밖에서 지내는 시간이 부족하면 아이에게 점차 스트레스가 쌓인다.

밖에서 같이 놀 친구가 없다면 자연 속에서 노는 체험 활동에 참가

시키거나 스포츠 교실에 다니게 하는 등의 방법으로 밖에서 지내는 기회를 주자.

어릴 때 밖에서 노는 경험을 충분히 하지 않으면 스트레스 발산 방법을 모르는 어른으로 크게 된다.

어린 시절은 물론이고 어른이 되어서도 힘들어지고 정신적 문제를 겪을 가능성도 높으므로 가능한 한 밖에서 놀게 하자.

○

산책만으로도 효과가 있다

중학교 진학을 앞둔 6학년생은 공부하느라 바빠서 밖에서 놀 기회가 적다. 그럴 때는 가벼운 산책이라도 좋으니 밖에 나갈 기회를 만들어 주자.

옛날에는 공부하다가 답답하면 잠시 나가서 뛰고 왔는데 요즘은 그런 아이들이 거의 없다. 시간대, 안전 등을 고려하여 바깥에서 놀게 하자.

숨바꼭질의 큰 효용

한편 밖에서 하는 놀이에는 뇌를 성장시키는 요소가 많다.

어린 시절 누구나 하던 숨바꼭질이 바로 그렇다. 자기는 숨는다고 숨어도 술래가 찾아내면 끝난다. 어른들이 보기엔 당연한 이야기지만 이렇게 '다른 사람의 눈을 의식하는' 것은 아이들에게 중요한 체험이다.

자신이 술래가 되었을 때는 나라면 어디 숨을까를 상상하는 능력, 어디가 숨기에 좋을지 공간을 인지하는 능력도 필요하다.

이런 능력은 밖에서 놀 때에만 키워진다.

기억해 보면 똑똑하고 아이디어가 넘치는 아이는 "아니, 그런 데 숨었단 말이야?" 하고 깜짝 놀랄 만한 곳에 숨어 있지 않았던가. 그런 아이는 그만큼 공간 인지 능력이나 아이디어 발상력, 기획력이 뛰어나다.

●

밖에서 놀도록 조금 신경 쓰자

이렇게 말하면 극단적인 학부모는 밖에서 놀게 하면 머리가 좋아진다고 확신하기 십상인데 그건 또 지나친 해석이다.

무엇이든 균형이 중요하다. 적당히 밖에서 노는 것과 매일 공부하는 것 모두 중요하다. 심부름 시키는 것도 훈육하는 것도 물론 빼놓을 수 없다.

밖에서 노는 습관이 자연스레 줄어드는 현대다. 부모가 신경 써서 요령껏 '밖에서 놀 기회'를 만들어 주자.

3장

아이가
잘 성장하는 가정은
이 점이 다르다!

21

읽지 않아도 괜찮다! 책이 많다는 게 중요하다

책을 좋아하는 사람에게 책을 좋아하게 된 계기를 물어보면 많은 이

가 집에 책이 많다고 대답한다.

'책이 많은' 환경은 대단히 중요하므로 아이들에게 책을 읽히

고 싶다면 일단 집에 책을 놓아 두자.

읽다가 말아도 괜찮다

어떤 부모는 아이가 책을 좋아하게 만들고 싶어 아이를 데리고 서점에 가서 직접 책을 고르게 한다.

아이가 직접 책을 고르는 것이 나쁜 방법은 결코 아니지만 그렇게 고른 책은 아무래도 꼭 읽어야 한다는 압박감을 느끼기 쉽다.

아이가 읽다가 도중에 그만두면 어머니는 "네가 고른 책이니까 끝까지 읽어야지!" 하고 말하고 싶을 것이다.

그러나 독서란 그런 것이 아니다.

첫머리만 읽다가 그만둘 수도 있고 몇 년이 지난 후에 다음 내용이 궁금해져서 다시 읽어 볼 수도 있다.

혹은 표지 그림이 흥미로워서 재미있겠다 싶어 골랐지만 막상 읽어 보니 재미가 없는 경우도 당연히 있다.

그런데 아이에게 한 권을 고르게 하면 '자기가 선택한 책'이기 때문에 무슨 일이 있어도 그 책을 읽어야 한다는 분위기가 강해진다.

●

읽고 싶을 때 읽는 환경을 만들자

오히려 나는 부모가 골라도 좋으니 열 권이든 스무 권이든 옆에 많이 두고 아이가 읽고 싶을 때 마음에 드는 책을 꺼내 읽다가 그만 읽고 싶으면 내려놓고 다음 책을 집어 들면 된다고 생각한다.

집에 있는 책을 읽는 습관이 붙으면 초등학교 고학년, 또는 중학생이 되어서는 부모가 읽고 있는 다소 어려운 책도 자연스레 읽게 된다.

책이란 집에 많이 있는 것이 중요하며, 그 책들을 전부 읽어야 한다거나 이 책은 꼭 읽어야 한다며 압박을 주지 않는 것이 핵심이다.

도서관을 충분히 활용하자

도서관을 이용할 때도 마찬가지다.

집에 책을 많이 구비해 두려면 돈도 많이 들고 자리도 많이 필요하니 도서관에서 빌리는 것도 좋은 방법이다.

그때는 읽고 싶은 책을 한두 권 빌리기보다 다섯 권이든 열 권이든 마음 내키는 대로 빌려 오는 것이 좋다.

부모가 보기에 아이가 책을 너무 많이 가져오면 2주 만에 반납해야 하는데 다 읽을까 싶어 말리고 싶겠지만 읽을 수 있을지 없을지는 염려할 필요가 없다.

실제로 다 읽지 않아도 괜찮다.

다섯 권을 빌려 왔는데 세 권은 책장만 팔랑팔랑 넘겨 보고 말았어도 그대로 좋다. 흥미가 없어졌다면 미련 없이 반납하고 '이 책은 찬찬히 읽고 싶다'는 생각이 든다면 다시 대출하면 된다.

●

일단 책을 가까이 하자

특히 아이가 어릴 때는 매주 요일을 정해 같이 도서관에 가는 것도 꽤 좋은 방법이다. 아이 마음에 드는 책을 잔뜩 골라 온 다음, 읽었든 읽지 않았든 다음 주면 다시 도서관에 가서 다른 책을 살펴본다.

그런 습관을 들이면 언젠가 아이는 책을 좋아하게 되고 읽게 된다. 부모는 '가능하면 이런 책을 읽히고 싶다', '사둔 책은 전부 읽히고 싶다'는 마음이 들 것이다. 하지만 어떤 책을 읽을지 선별하거나 끝까지 읽는 것은 다음 단계 이야기이고 우선은 아이가 좋아하는 책을 마음껏 고르고 펼쳐 보는 것만으로도 충분하다.

22

마트는
학습의 보물 창고

　부모와 함께 마트에 물건을 사러 가는 것은 아이에게 사실 많은 공부가 된다.

　교육에 열성적인 부모들은 "박물관에 데려가는 게 좋을까요?", "과학 실험교실에 보내야 할까요?" 하고 질문한다.

　물론 그런 곳도 가치가 있지만 마트나 공구 매장에 함께 가는 것만으로도 충분히 공부가 된다.

마트에서 장을 보면서 아이에게 "양배추랑 양상추가 어떻게 다른지 아니?" 하고 물어보면 아이는 어떻게 다른지를 생각하면서 잎의 질감과 크기, 무게, 색깔 등 여러 요소를 관찰한다.

그렇게 채소의 차이를 관찰하는 것만 해도 대단히 가치 있는 공부다.

엄마가 "사과는 아직 비싸네." 중얼거리면 아이는 "왜 비싸요?" 하며 궁금해할 것이다. 그러면 "아직은 사과가 많이 나오지 않아서 비싸. 조금 선선해지면 사과 수확철이 되니까 그땐 쌀 거야. 지금은 배가 싸구나." 하고 설명해 준다.

"올해는 꽁치가 많이 잡히지 않아서 어부 아저씨들이 한숨 쉰다는 뉴스가 나왔거든. 그래서 꽁치가 비싸구나." 이런 이야기를 해 주는 것도 훌륭하다.

이런 정보는 텔레비전 정보 프로그램을 보거나 평소 마트에 장을 보러 다니는 어머니라면 당연히 알고 있는 내용이다.

일상적 대화에도 아이가 배워 두면 좋을 내용이 가득하다.

한국처럼 최근 일본에서도 실생활 연계 학습을 강조하는 추세다. 일례로 고마바 중학교에서는 신문 기사 제목을 제시하고 왜 그런 제목을 붙였는지 생각해 보는 수업을 하고 있다.

○

손 을 많 이 쓰 자

마트와 마찬가지로 공구 판매점도 학습의 보고다.

진열되어 있는 각양각색의 공구 중에서 평범한 드라이버와 달리 끝이 구부러진 공구를 발견하면 "이거 끝이 구부러져 있는데 왤까?" 하면서 아이와 함께 이유를 생각해 보아도 좋다.

그 과정에서 아이가 여러 의견을 떠올려 보는 것도 가치 있고 아버지가 "드라이버나 손이 들어가기 힘든 좁은 곳에서도 끝이 구부러져 있으면 나사를 조일 수 있잖아. 그럴 때 쓰려고 만든 도구야." 하고 알려 주는 것도 좋다.

이런 체험은 대단히 중요하다. 요즘 아이들은 자신의 손으로 뭔가를 만들거나 수리해 본 경험이 매우 부족하다. 옛날 아이들은 팽이나 제기, 연 만들기 정도는 혼자 했다. 하지만 요즘은 그런 일을 혼자서 할 줄 아는 아이는 거의 없다.

과학이든 사회든 현장 감각이 부족하면 학교나 학원에서 배운 것이 실제 생활로 이어지는지 실감할 수 없다.

그것은 입시를 위해서도, 앞으로 펼쳐질 긴 인생을 위해서도 결코 아이에게 바람직하지 않다. '일상생활과 공부를 관련짓는다'는 의미에서도 마트나 공구 판매점에 아이를 꼭 데려가서 여러 가지 이야기를 해 주자.

"오늘은 같이 장 보러 가서 엄마 좀 도와줘." 하는 것도 한 가지 방법이다. 매일 함께 갈 수는 없겠지만 2주에 한 번이라도 정기적으로 마트와 공구 판매점에 데려가면 많은 발견을 할 것이다.

마트와 공구 판매점에 함께 가자

일상생활과 공부를 관련짓는 것은
아이에게 큰 자극이 된다

23

산책하며
배우는 것도
많다

마트까지 가지 않더라도 평소 길을 걸을 때도 아이가 배울 것은 많다.

예를 들면 산책을 하면서 "올해 벚꽃은 정말 예쁘구나." 감탄하는

것만으로도 계절감을 알 수 있다.

혹은 길가에 피어 있는 꽃을 보고 "이건 무슨 꽃일까? 집에 가서 조

사해 볼까?" 하며 휴대전화로 사진을 찍어 오는 것도 좋은 공부다.

자전거의 구조를 아이에게 설명할 수 있는가?

책상 앞에 앉아 교과서나 문제집을 들여다보는 것만 공부가 아니다.

입시 문제를 내는 사람들 역시 그렇게 생각하기 때문에 입시 문제에도 일상생활과 관련한 문제가 늘고 있다.

일례로 '자전거 페달을 밟으면 앞으로 가는 원리는 무엇인가' 하는 문제가 실제 입시에 나온 적이 있는데, 도시에 사는 아이들 중에는 자전거를 타지 못하는 아이도 많다.

그런 아이라면 페달을 밟으면 자전거가 앞으로 나아가는 원리를 떠올리지 못할 것이다.

반면 자전거 체인이 빠졌을 때 스스로 또는 아빠와 함께 수리를 해본 경험이 있는 아이라면 자전거 구조를 잘 알고 있을 것이다.

더 재미난 예로 어느 중학교 입시에 '손바닥에 야구방망이를 세워서 균형을 잡는 놀이'를 다룬 문제가 나왔다.

예전에는 야구방망이나 빗자루 따위를 손바닥에 올려서 균형을 잡

는 놀이를 했다. 하지만 그런 놀이를 해 본 적이 없으면 어떻게 균형을

잡는지 도통 상상하지 못할 것이다.

모든 것이 실생활과 동떨어진 공부의 폐해다.

가능한 한 자주 아이들과 함께 산책하면서 여러 이야기를 들려주며

호기심을 자극하기 바란다.

24

만화나 텔레비전은
금지하지 않아도 된다

학부모가 많이 하는 질문 중에 "만화나 텔레비전을 보게 하는 게 좋

을까요? 아니면 금지해야 할까요?"도 있다.

결론부터 말하면 굳이 금지할 필요는 없다.

이유는 두 가지다.

첫째, 만화나 텔레비전에서도 가치 있는 정보를 얻을 수

있으며 다양한 공부로 이어지는 작품도 많다는 점이다.

●

화제의 뉴스를 알아 두자

텔레비전 뉴스를 보면 세상의 동향을 알 수 있다.

로켓 발사에 성공했다거나 금환일식이 일어났다는 정보는 입시 준비에도 필요하다.

시험문제를 내는 사람들은 해마다 새로운 문제를 만들어야 하기 때문에 '자, 올해는 어떤 문제를 내면 좋을까?' 고민한다. 그러면 당연히 '올해는 어떤 뉴스가 있었더라?', '올해의 화제는 뭐였지?'에 생각이 미친다.

TPP(환태평양경제동반자협정)가 화제였다면 자연히 그와 관련된 문제를, 사자자리 유성군이 화제였으면 천체 문제를 내기 쉽다.

그러므로 텔레비전이나 인터넷에서 화제가 되는 소식을 접하는 것은 상당히 중요하다.

●

〈미토 고몬〉을 보면 국어 독해력이 높아진다?

텔레비전, 애니메이션, 만화에는 이른바 '뻔한 주제', '뻔한 결말'이 있다.

예전에 우리 학원 학생 중에 '할머니와 함께 〈미토 고몬(水戸黄門)〉(미토번 번주가 초라한 노인 행색으로 전국을 유랑하면서 악인들을 벌하는 이야기로, 클라이맥스에서 가문의 문장을 내보이며 호통을 치는 등 권선징악의 패턴이 매회 반복되는 드라마다. 한국의 암행어사, 중국의 포청천 이야기와 비슷하다_옮긴이)을 매주 본다'는 남자아이가 있었는데 그 덕에 그 아이는 권선징악 이야기의 패턴을 이해하고 있었다. 그 감각은 국어 독해력에도 좋은 영향을 미쳤다.

〈미토 고몬〉을 보았기 때문에 국어를 잘하게 되었다는 의미가 아니라, 〈미토 고몬〉을 보고 권선징악을 이해하거나 만화 〈원피스〉를 보고 우정과 배려심을 배우는 일이 얼마든지 있으며 이는 인생과 공부에 도움이 되기도 한다는 말이다. 만화 따위나 보고 있다가는 머리가 나빠진다는 편견으로 아이에게서 만화나 애니메이션을 빼앗는 일은 하지 말기 바란다.

또 지브리 스튜디오나 디즈니 영화를 보고 뻔한 전개, 흔한 해피엔드를 아는 것도 결코 쓸 데 없는 일은 아니다.

○

나쁜 것은 차단하면 되는 걸까?

이런 이야기를 하면 이번에는 "아이에게 보여 주는 작품은 부모가 고르는 게 좋을까요?" 하고 질문한다.

까다로운 부분인데, 좋은 작품만 보여 주고 나쁜 것은 차단한다는 원칙도 조금 극단적이지 않은가 싶다.

이것이 텔레비전과 만화, 애니메이션을 금지하지 않아도 좋은 둘째 이유인데, 애초에 세상에는 좋은 것과 나쁜 것이 함께 존재한다.

부모가 아무리 규제를 하더라도 어느 정도는 아이 눈에 띈다. 설령 어릴 때 그런 나쁜 것을 전혀 접하지 않아도 어른이 되면 사회의 좋은 면뿐 아니라 나쁜 면과도 필연적으로 맞닥뜨린다.

이것이 현실이다.

●

아이를 온실 속 화초로 키우지 마라

'이건 좋다, 이건 안 된다'고 부모가 철저하게 구분해서 온실 속 화초처럼 아이를 키우는 것도 잘못이다. 사회의 좋은 면뿐 아니라 나쁜 면도 어느 정도 접해 보는 게 중요하지 않을까?

세간에는 이건 아이가 보아도 좋은 작품, 이건 나쁜 작품이라는 기준이 있으므로 부모가 그 가이드라인을 참고하는 정도는 좋다.

그렇지만 과보호하지 않고 균형 잡힌 환경에서 아이를 키우는 것도

중요함을 절대 잊지 말자.

25

나이 차이가 나는 아이들과 어울리게 한다

예전에는 동네 아이들이 한데 모여 노는 광경을 흔히 볼 수 있었고

1~2학년 아이들을 5~6학년이 챙기는 게 당연했다. 그렇지만 지금은

그럴 기회가 거의 없다. 외동아이도 많다 보니 형이나 누나가 친동생

을 돌보는 경우도 줄었다.

자기보다 어린 후배를 돌보게 하자

자기보다 어린 후배를 돌보는 일은 아이가 성장하는 데 대단히 소중한 경험이다.

우리 학원 아이들을 보아도 평소 '5학년치고는 어리게 행동하네? 조금만 더 어른스러우면 좋을 텐데' 싶던 아이라도 자기보다 어린 후배를 돌볼 기회가 있으면 "선생님께 인사를 잘 해야지.", "계산 연습은 중요하니까 매일 해야 하는 거야." 하고 의젓하게 지도하는 모습을 보인다.

그것을 보면 사람은 자기보다 어린 존재가 있으면 훌쩍 성장한다는 사실을 새삼스럽게 깨닫는다.

이런 소중한 기회를 얻는 방법은 동네 아이들과 어울려 활동하거나 보이스카우트나 걸스카우트에 입단시키는 것이다.

체험 교실이나 축구 교실, 검도, 유도 같은 스포츠 관련 학원 등에서는 아이들을 나이에 따라 구분하지 않고 한데 모아 가르치므로 어린 후배를 돌보는 경험을 할 수 있다.

●

선배가 하는 말은 듣는다

한편 어린아이가 저보다 나이 많은 형이나 언니를 보며 배우는 것도 꽤 많다.

연상의 아이, 선배란 상당히 특별한 존재다. 부모가 아무리 말해도 듣지 않더니 형이나 언니, 선배가 말하니까 권하는 대로 금세 하더라는 이야기는 많이 들어 봤을 것이다. 그런 일은 정말 흔하다.

또한 보이스카우트 선배가 어른들께 깍듯이 인사하고 존댓말을 쓰는 모습을 보면서 자연스럽게 따라 하기도 한다.

선후배 관계가 철저한 동아리나 보이스카우트 활동을 하면 때로 부모가 깜짝 놀랄 정도로 아이가 성장한다. 가까이에 모범이 되는 선배, 동경하는 형, 본받고 싶은 언니가 있는 것만으로도 또한 아이는 훌쩍 성장한다. 친척 형이든 같은 동네 선배든 좋으니 훌륭한 선배들을 보고 배울 기회를 꼭 만들어 주자.

어느 명문 중학교의 국어 문제

입시와 관련한 이야기인데, 어느 중학교 국어 시험에 이런 문제가 나왔다.

'형과 동생이 텔레비전 채널을 두고 다투다가 결국 형이 양보했다. 그 모습을 본 어머니가 어떤 마음일지 답하라'는 문제였다.

우선 형과 동생이라는 관계를 모른다면 그 상황을 실제적으로 상상하기 어렵다. 그리고 형이 동생에게 보고 싶어 하는 방송을 보도록 양보할 때의 모습과 감정도 나이 차이 나는 형과 동생이라는 관계성을 알지 못하면 이해할 수 없다.

게다가 이 문제의 어려운 부분은 그 장면을 본 어머니의 마음까지 상상해야 한다는 점이다.

형이 양보하는 것을 보고 기뻐할지 안쓰럽게 여길지, 어머니의 심정까지 상상하는 것은 그리 쉬운 일이 아니다.

역시 시험문제를 만드는 이들도 '일상에서 체험이 중요하며 그 체험을 공부에도 활용하기 바란다'고 생각하는 것이 틀림없다.

나이 차이가 나는 형, 동생과 어울린다

그림 11

형, 동생과 어울리는 경험이 아이를 성장시킨다

26
스스로 말을
마무리 짓도록 한다

아이들은 대개 말하는 요령이 부족하다.

"오느을, 학교에서어, 꽃밭에 있지, 튤립이 있어서, 교장 선생님이 와

서어~."

대체 무슨 얘기를 하는 건지 알 수가 없다.

그러나 부모는 아이가 그런 식으로 말하는 데 익숙하여 "그래서 교

장 선생님이 꽃밭이 예쁘다고 칭찬해 주셨니?"하고 앞서서 묻고 아

이는 "응. 엄청 많이 칭찬해 주셨어." 하고 이야기를 마무리한다.

이런 상황에서는 가능한 한 부모가 미리 이야기를 완성하지 말고

아이 스스로 말을 끝맺게 해야 한다.

일단 "그래서 교장 선생님이 뭐라고 하셨어?" 하고 묻는다. 그러면

아이는 "교장 선생님이 칭찬해 주셨어." 하고 말할 것이다.

그러다 보면 아이는 "오늘 꽃밭을 만들고 거기 튤립을 심었는데 교

장 선생님께서 칭찬해 주셨어." 하고 일련의 이야기를 완결하는 습관

이 몸에 베게 된다.

이 커뮤니케이션은 국어력을 향상시키는 아주 효과적인 방법이다.

○

완전한 문장으로 말하게 한다

우리 학원에서는 학생이 지우개를 안 가져오면 빌려준다. 하지만 빌

려줄 때 원칙이 있다.

아이가 "지우개요." 하고 짧게 말하면, 사무직원은 지우개를 빌려 달라는 말인지 알지만 "지우개가 뭐?" 하고 되묻는다.

그렇게 하는 이유는 어른이 적당히 알아듣고 원하는 것을 해 주면 아이는 끝까지 제대로 말하는 훈련이 되지 않기 때문이다.

"지우개가 뭐?" 하고 물으면 아이는 "지우개를 안 가져와서 그러는데 좀 빌려주세요." 하고 전후 사정을 정확하게 말한다.

사무직원에게 이 원칙을 적용하자고 했을 때 "우리 애 키울 때 이 방법을 알았으면 좋았을 텐데요." 하며 아쉬워했다.

27

어머니,
아이가 하게
해 주세요

부모가 하나부터 열까지 아이를 챙겨 주는 것은 바람직하지 않다.

가끔 학원에서 유인물을 나누어 주면 아이들은 대부분 그걸 구겨서 가방에 넣는다. 아이를 데리러 온 어머니는 그걸 보고 "이걸 이렇게 구기면 안 되지." 하고 야단을 친다.

여기까지는 더없이 올바른 대응이다.

그런데 개중에는 "이렇게 구기면 안 되지." 하면서 직접 쓱쓱 펴는 어머니들이 있다.

그런 장면을 보면 나는 "어머니, 다시 펴는 건 아이한테 시키세요." 하고 부탁한다. 왜냐하면 뭐든지 부모가 해 주는 습관은 아이의 자립을 방해하기 때문이다.

유인물뿐 아니다. 아이가 주머니에서 손수건을 꺼내면 "칠칠치 못하게 이게 뭐니. 잘 개켜서 넣어야지." 하면서 어머니가 각을 맞춰 접어 준다. 이런 식으로 키우면 아이는 제 스스로 챙기지 못한다.

많은 어머니가 아침에 학교 갈 준비를 할 때도 빨리 밥 먹어라, 이젠 옷 갈아입고 가방 가져와라, 교과서랑 준비물은 다 넣었는지 다시 한 번 확인해라, 하면서 일일이 챙겨 준다.

어머니가 보기에는 굼뜨게 행동하는 아이를 내버려 둘 수 없어서 계속 참견하고 싶어지는 것은 당연하다.

●

여섯 살이 되면 자립을 연습시킨다

그렇지만 언제까지고 그런 식이면 자립적인 아이가 되지 못한다. 대략 여섯 살부터 열 살까지면 아이를 조금씩 자립시켜야 한다는 점에 부모가 유의하자.

초등학교에 들어가기 전까지는 부모가 해 주어도 된다. 그 나이 때 아이들은 아직 자립할 수 없으므로 특별히 문제될 게 없다. 그렇지만 초등학교에 들어갈 무렵부터는 조금씩 스스로 하도록 해야 한다.

28

나쁜 말버릇은
단호하게
주의를 주자

언어 습관은 아이에게 대단히 중요한 문제다.

훈육이라는 요소와도 관련이 있고 어떤 말로 자신의 생각을 표현하

는지는 국어력과도 관계가 있다.

그런데 요즘은 어른들도 말이 거칠다 보니 아이들이 쓰는 말에 주의

를 주고 바로잡기도 여간 어렵지 않다.

그렇더라도 선생님과 부모는 포기하지 말고 "그런 말은 쓰면 안 돼." 하고 몇 번이고 분명하고 끈질기게 주의를 주어야 한다.

요즘 아이들이 하는 말 중에 좋지 않은 표현이 몇 가지 있는데 대표적인 것이 '대박'이라는 말이다.

좋은 일이건 나쁜 일이건 '대박'이라고 한다. 뭔가 잘못되었을 때도 '대박'이라고 하고 맛있는 걸 먹고도 '완전 대박'이라고 어른도 아이도 말한다.

그것도 하나의 유행이라고 치부하면 그만이겠지만 모든 감정을 대박이라는 말로 표현하는 것은 언어 표현을 배우는 아이들에게는 별로 좋지 않다.

대박은 원래 어떤 일이 크게 이루어짐을 비유적으로 이르는 말이다.

부모 앞에서 아이가 대박이라는 표현을 하면 그때마다 "대박 대신 맛있다고 말하렴." 하고 끈기 있게 주의를 주자.

적어도 다른 표현도 있다는 것을 알고 경우에 맞게 구분해 사용하는 어른으로 자라야 하지 않겠는가?

그 밖에도 아이들의 말버릇으로 신경이 쓰이는 것은 '열나', '짱나', '구려' 등이 있다.

지금부터 시험을 치겠다고 하면 몇몇 아이들은 반사적으로 "헐, 짱나!" 한다. 그럴 때마다 나는 "짜증나는 일이 아니지. 시험을 치는 건 당연한 거야." 하고 말해 준다.

아이들의 나쁜 말버릇은 끈질기게 주의를 주어야 하며 그러기 위해서도 부모 자신이 올바른 말을 사용하도록 조심해야 한다.

29

예체능 학원을
보내는 목적은
'힘들어도 계속하는 경험'을
시키는 것

"예체능 학원도 많이 보내는 게 좋을까요?"

학부모들이 자주 하는 질문 중 하나다.

세상에는 여러 종류의 학원이 있다. 몇 군데 학원을 동시에 다니는

아이들도 많다. 인기 있는 분야는 야구, 축구, 발레 같은 스포츠 관련

학원, 전자오르간, 피아노, 바이올린 같은 음악 학원, 그 밖의 영어 회

화 학원, 서예 학원 등이 있다.

결론부터 말하면 여러 학원에 보낼 필요는 없다. 본인이 배우고 싶어 하고 시간, 체력, 경제적으로 무리가 없다면 시킨다는 극히 일반적인 자세면 된다.

현실적으로 축구 교실에 다닌다고 해서 누구나 프로 축구 선수가 되는 것은 아니다. 어릴 때부터 바이올린을 배운다고 모두 바이올리니스트가 되는 것은 아니고 바이올린 선생님이 될 수 있을지 없을지조차 알 수 없다.

배운다고 해서 그 분야에서 일류 프로페셔널이 되는 것은 아니라는 얘기다.

○

중요한 것은 '꾸준히 하는 것'

그래도 나는 무언가 배우는 것에는 가치가 있다고 생각한다. '힘들거나 지겨운 일이라도 꾸준히 한다'는 경험을 할 수 있기 때문이다.

어머니 중에는 "우리 애는 바이올린 학원이랑 수영, 영어 회화, 그리고 글쓰기 학원에 보내는데 너무 바빠서 좀 끊어야겠어요." 하고 말하는데 그것은 주객이 전도된 이야기다.

일단 시켜 보고 하나씩 그만두게 하는 것은 가장 좋지 않은 패턴이다. 어떤 걸 배우는 게 좋고 어떤 걸 배우는 게 나쁜 게 아니라 무얼 하든 꾸준히 하는 것이 중요하다. 오랫동안 계속했다는 경험은 틀림없이 큰 가치가 있다.

성인이 되면 하고 싶지 않은 일이라도 해야 한다. 그것을 예행연습한다는 의미에서도 한번 배우기 시작한 것은 가능한 한 꾸준히 하게 하기 바란다.

4장

틀림없이 성적이 오른다!
마법의 공부법
11가지 규칙

30
읽기, 쓰기, 셈하기만 하면 된다

학원에 있다 보면 초등학생, 특히 저학년 학부모는 이런 질문을 자주 한다.

"아이에게 어떤 공부를 시키면 좋을까요?"

그러면 나는 이렇게 대답한다.

"읽기, 쓰기, 셈하기를 철저하게 시키세요."

읽기는 이야기를 읽고 이해하는 능력, 쓰기는 단어와 맞춤법을 익히고 쓰는 능력, 셈하기는 계산을 정확하고 빠르게 하는 능력이다.

●

초등학교 3~4학년까지는 기초를 확실하게

초등학교 3~4학년까지는 읽기, 쓰기, 셈하기를 똑바로, 확실하게 하도록 한다. 그렇게 해 두어야 나중에 쑥쑥 성장한다.

그런데 많은 학부모가 선행 학습을 시키고 싶어 한다. 중학교 입시에 나오는 수학 서술형 문제, 응용문제, 혹은 국어 독해 문제를 풀기를 원한다. 수학 서술형 문제를 잘 풀고 독해력을 갖추게 하고 싶다는 마음은 충분히 이해한다.

게다가 요즘은 저학년용 서술형 문제, 독해 문제에 특화된 문제집도 나오고 있어서 주위 엄마들에게 "우리 애는 지금 서술형 문제를 시키고 있어요.", "국어는 어릴 때부터 독해 문제를 풀게 해야지 안 그러면 독해력이 붙지 않아요."라는 정보를 듣기도 한다. 그러면 '우리 애도 시켜야겠다'는 초조한 마음이 든다.

○

문장형 문제, 독해 문제부터 시키지 않는다

그렇지만 그런 정보에 흔들리지 말기 바란다.

초등학교 저학년 때부터 수학 서술형 문제, 국어 독해 문제를 풀 필요는 없다. 아니, 시키지 않는 편이 좋다. 그 시기에 해야 할 공부는 일단 '읽기, 쓰기, 셈하기'면 충분하다.

그 이유를 알아보자. 우선 수학의 서술형 문제, 국어의 독해 문제 해결에 필요한 능력은 매우 많다.

문장을 이해하는 독해력, 차이점이나 유사한 부분을 발견하는 능력, 그것을 분석하는 능력, 계산하는 능력 등 하나의 문제를 풀기 위해 다양한 능력을 구사해서 해답에 도달해야 한다. 그야말로 종합적인 능력이 필요하다.

그렇지만 저학년 아이들이 그렇게 많은 능력을 갖추었을 리 없다. 또한 오직 한 문제만으로 그렇게 많은 능력을 단번에 키울 수도 없다.

●

하나하나의 능력을 착실하게 키워 나가자

이 시기 아이들에게 정말 필요한 것은 이야기를 읽는 능력을 다지는 것, 글자와 단어를 익히고 쓰는 것, 계산을 빠르고 정확하게 하는 것이다. 이 세 가지 능력을 따로따로 훈련하여 착실하게 키워 나가야 한다.

처음에는 필요한 능력을 각각 차근차근 공부시키는 데 집중하자. 그 단계에서 학부모가 너무 초조해하면 안 된다. 기초 능력과 공부하는 습관을 갖춘 아이는 분명히 성장한다.

초등학교 저학년 때는 '읽기, 쓰기, 셈하기'만 하면 된다

그림 12

 읽기 = 이야기를 읽고 이해하는 능력

 쓰기 = 단어와 맞춤법을 익히고 쓰는 능력

$7 \times 8 =$
$53 - 36 =$ 셈하기 = 빠르고 정확하게 계산하는 능력

**이 세 가지 능력(기초)을 갖추면
분명히 성장한다!**

31

선행 학습으로
아이의 '유레카!'를
빼앗지 말자

1장에서 아이에게 '난 이거 잘해' 감각을 심어 주기 위해서는 조금

앞서서 공부를 해 두면 좋다고 설명했다. 사실 초등학교에 들어가면서

간단한 덧셈, 뺄셈만 할 수 있어도 '난 잘해' 하는 마음이 들 것이다.

다만 여기서 주의할 것은 '뭐든지 전부 선행 학습을 하면 된

다'는 뜻이 아니라는 점이다.

왜냐하면 아이에게는 '배움의 적기'가 있기 때문이다.

예를 들어 과학 시간에 하룻밤 동안 별이 어떻게 움직이는지 배웠다고 하자. 분명히 밤하늘을 올려다보면 별은 같은 장소에 있는 게 아니라 이동하고 있다.

물론 우리는 별이 아니라 지구가 움직이고 있다는 사실을 안다.

그래서 많은 부모가 무심히 "사실은 별이 아니라 지구가 움직이는 거야." 하고 설명한다.

그렇게 일러주는 마음은 알겠다. 그러나 지금 막 새로운 내용을 배운 아이에게는 가르쳐 주지 않는 편이 좋다.

왜냐하면 나중에 아이가 배우거나 발견했을 때 느껴야 할 '아하, 그렇구나!' 하는 감동을 빼앗게 되는 문제가 있기 때문이다.

초등학교 2학년 때 별이 움직인다는 것을 안 아이가 4학년, 5학년이 되어서 움직이는 것은 지구였다는 사실을 알면 비로소 '우와, 사실은 그런 거였구나!' 하고 감동할 수 있는 것이다.

그때가 아이에게는 '배움의 적기'다.

어른들이 생각하기에는 이게 진실이니까, 이걸 아는 편이 좋으니까, 싶어서 무심코 앞서서 알려 주기 쉽지만 아이에게 꼭 필요한 일이라고 는 할 수 없다.

●

해법 테크닉을 미리 알려 주지 말자

다른 예를 들어 본다면 수학 문제에서 입체도형의 전개도를 제시하 고 '이 전개도를 완성했을 때 A점과 만나는 부분은 어디인가?' 묻는 문제가 있다.

이 문제는 사실 간단하게 푸는 요령이 있다.

그 요령을 사용하면 굳이 입체도형을 상상하지 않아도 순식간에 풀 수 있지만 그런 방법을 처음부터 알려 주면 아이가 갖추어야 할 도형 감각을 습득할 수 없다.

'이 점과 만나는 건 어떤 부분이지……', '입체도형을 완성하면 여기랑 여기가 만나니까……' 하면서 이렇게 저렇게 상상하고 시행착오를 겪으며 도형 감각과 공간적 상상력을 키워 나간다.

그렇게 고민한 다음에 '이렇게 하면 간단하게 풀 수 있다'는 요령을 들으면 '아, 그렇구나!' 감탄하고 그 요령의 의미와 가치를 제대로 이해할 수 있다. 이것 역시 아이에게 필요한 과정이며 그때가 배움의 적기다.

부모가 알고 있는 것을 아이에게 알려 준다는 것은 결코 나쁜 일이 아니고 일상생활 속에서 공부에 관련 있는 이야기를 나누는 것은 대단히 중요하다.

하지만 부모가 알려 주는 게 지나친 선행 학습이거나 아이가 배우면서 느낄 즐거움을 방해하는 건 아닌지 잠시 생각할 필요가 있다. 예외적으로 '난 이거 잘해' 감각을 키우기 위해 선행 학습이 좋은 부분도 있다. 여기에 관해서는 5장에서 살펴 보자.

그림 13

선행 학습으로 배움의 즐거움을 빼앗지 말자

일단 아이가 시행착오를 겪게 한다
처음부터 요령을 알려 주지 않는다

32

'읽기' 능력을
단련하는
소리 내어 읽기

'읽기, 쓰기, 셈하기'가 중요하다고 거듭 이야기했는데 이제부터는

구체적인 공부법을 설명하겠다.

우선 '읽기'부터 살펴보자. 읽기라고 하면 책이나 교과서를 읽는 것

인데 중요한 점은 소리 내어 읽는 것이다. 부모는 아이가 조용히

책이나 교과서를 읽고 있으면(묵독하면) 안심한다. 하지만

사실 여기에는 주의가 필요하다.

○

어린아이는 제대로 소리 내어 읽지 못한다

초등학교 저학년 아이는 원래 제대로 읽지 못한다. 낱말을 빼먹고 읽기도 하고 같은 줄을 또 읽는가 하면 한 줄을 건너뛰기도 한다.

그렇더라도 대충 내용은 파악할 수 있어서 본인도 그러고는 읽었다고 생각한다.

그러나 그런 식이면 제대로 읽었다고 할 수 없다.

그래서 추천하고 싶은 것이 소리 내어 읽기다. 입 밖으로 소리 내어 읽도록 하고 아버지 어머니가 들어 본다. 그런 시간을 중요하게 생각하자.

소 리 내 어 읽 기 의 포 인 트

단어를 빼먹지 않고 읽는지, 구두점에 따라 끊어서 읽는지, 따옴표를 대사로 이해하고 읽는지에 주의하여 들어 보면 좋다.

국어교육에는 문장의 리듬을 자신의 눈과 입과 귀로 체험하는 것이 필요하다.

그렇지만 처음부터 아이가 바르게 읽기는 힘드니 우선 부모가 천천히 또박또박 감정을 표현하며 읽어 주자.

어머니가 이렇게 읽는 거라고 시범을 보여 주고 비슷하게 연습시킨다. 이것만으로도 국어 감각은 충분히 단련된다.

읽는 도중에 모르는 단어가 나오면 반드시 그 자리에서 알려 주자. 읽으면서 사전을 찾아볼 필요는 없다.

중요한 것은 소리 내어 읽어서 말의 리듬을 체감하는 것이다. 뜻을 찾아보고 싶다면 읽기가 끝난 후에 한다.

옛날부터 전해진 문학작품, 고전 등은 외울 정도로 반복해서 읽히면 좋다.

다만 학교 교과서로 읽기를 연습한다면 현재 배우는 부분을 읽는 건 좋지만 나중에 배울 내용까지 미리 읽는 것은 좋지 않다.

◉

교과서 이외의 추천하는 책

교과서 외의 책 중에서 '소리 내어 읽히고 싶은 연령별 책 리스트'를 176~178쪽에 예시해 두었으니 참고하기 바란다. 어디까지나 표준적으로 제시했을 뿐이므로《교양 있는 고양이 많이있어와 루돌프》를 꼭 초등학교 3학년에게만 읽혀야 한다는 뜻은 아니다. 2학년이라도 국어와 읽기를 잘하는 아이라면 읽혀도 좋다. 반대로 '우리 애는 읽기를 어려워한다'고 느낀다면 조금 낮은 학년용 책을 골라서 읽히자.

부모가 소리 내어 읽어 준다

아이에게 소리 내어 읽게 하는 것 외에 저학년 아이라면 부모가 책을 읽어 주는 것도 매우 큰 가치가 있다.

아이가 어릴 때는 어떤 가정에서나 부모가 책을 읽어 줄 것이다. 하지만 초등학생 정도 되면 많은 부모가 책 읽어 주기를 중단한다.

하지만 올바른 억양과 감정 표현을 자연스러운 형태로 전달하기 위해서는 부모가 또박또박 책을 읽어 주는 것이 중요하므로 초등학생에게도 책을 읽어 주자. 국어를 잘하는 아이들(혹은 그 부모들)에게 물어보면 대부분 부모가 책을 읽어 준다고 대답했다.

매일 읽어 주는 게 힘들면 1주일에 하루나 이틀만 읽어 줘도 좋다. 그런 습관이 국어교육에서 대단히 의미가 크다.

그림 14

소리 내어 읽히고 싶은 연령별 책 리스트

초등 1학년

- **《100만 번 산 고양이》** (사노 요코 지음, 비룡소)
  알기 쉬운 전개에 삽화도 좋다. 부모와 아이가 어떻게 이해했는지 서로 확인하기 쉽다.
- **《싫어싫어 유치원》** (나카가와 리에코 지음, 한림출판사)
  조금 이상한 설정이지만 아이들은 문제없이 받아들인다.
- **《아이우에 임금님》** (데라무라 데루오 지음, 국내 미출간)
  전체적으로 언어 유희가 가득한 책이다. 어휘를 끌어내는 능력을 키워준다.

초등 2학년

- **《가출 기차》** (아사노 아쓰코 지음, 한겨레출판사)
  엄마와 싸운 뒤 시작되는 환상적인 가출 여행.
- **《울어 버린 빨간 도깨비》** (토리고에 신 지음, 창작과비평사)
  친구의 소중함을 알기 쉽게 이야기한다. 이해하기 쉬운 전개이며 특히 마지막 장면이 감동적이다.
- **《엘머의 모험》** (루스 스타일스 개니트 지음, 비룡소)
  엘머가 가진 물건으로 인해 무슨 일이 일어나는지 대화해 보면 좋다.

초등 3학년

- **《위대한 탐정 네이트 시리즈》**(마조리 W. 샤매트 지음, 시공주니어)
  트릭을 생각하면서 읽어 간다. 아이들의 시선에서 묘사되어 쉽게 받아들인다.
- **《플랜더스의 개》**(위다 지음, 인디고)
  명쾌하고 훌륭한 이야기지만 조금 어려우므로 애니메이션도 함께 보면 이해하기 쉽다.
- **《교양 있는 고양이 많이있어와 루돌프》**(사이토 히로시 지음, 한림출판사)
  상대방을 존경한다, 어떤 일을 중립적으로 본다는 것에 관해 묘사하고 있다.

초등 4학년

- **《빨간 양초와 인어》**(오가와 미메이 지음, 국내 미출간)
  부모의 마음, 그리고 인간 세상의 어려운 일면을 그려 낸 작품.
- **《키다리 아저씨》**(진 웹스터, 삼성출판사)
  주로 편지글로 되어 있다. 소리 내어 읽어 보면 유머도 한결 잘 이해가 되고 재미를 느낄 수 있다.
- **《바다거북과 소년》**(노사카 아키유키 지음, 국내 미출간)
  인간과 자연, 전쟁을 다룬 작품. 훗날 공부의 기반이 된다.

- **《초콜릿 전쟁》**(오이시 마코토 지음, 책내음)
  소리 내어 읽기에는 조금 길지만 어른과 아이, 친구관계 등 다양한 요소가 얽혀 있는 작품.

- **《풍력 철도를 타고》**(사이토 히로시, 국내 미출간)
  중학교 입시를 생각하는 아이에게는 공감할 수 있는 내용이다. 그림도 보기 좋다.

- **《조지의 우주를 여는 비밀 열쇠》**(스티븐 윌리엄 호킹·루시 호킹 공저, 랜덤하우스코리아)
  우주의 탄생에 관해 아이들이 흥미를 느낄 수 있도록 소설처럼 그려낸 작품.

- **《마지막 강의》**(랜디 포시·제프리 재슬로 지음, 살림)
  강한 울림이 있는 말로 인생 자체에 관해 이야기한다.
  반드시 소리 내어 읽기 바란다.

- **《마지막 잎새》**(O. 헨리 지음, 꿈소담이)
  삶의 소중함에 관해 쓰인 명작. 소녀와 화가, 두 사람의 시점에서 보기 바란다.

- **《호밀밭의 파수꾼》**(제롬 데이비드 샐린저 지음, 소담출판사)
  주인공 친구들의 성격이 다채롭다. 소년의 심리를 그린 작품.

33

실수를
미연에 방지하지
말라

"학생이 틀리기 쉬운 부분에서 미리 주의를 주면 안 된다."

이 말은 학교 선생님이나 학원 강사에게 똑같이 적용된다.

흔히 수업 시간에 "이 문제는 여기서 실수하기 쉬우니까 조심하라."

고 미리 말해 주는 선생님이 있는데, 이건 아주 잘못된 행동이다.

아이가 실수를 하고 틀리도록 할 필요가 있다.

원래 별 문제 없이 쉽게 해낸 일은 기억에 남지 않지만 '아, 여기서 틀렸지', '이건 매번 틀리는 패턴이야' 하는 기억은 강하게 남는다.

나는 간혹 수업 중에 아이들이 실수하기 쉬운 계산 문제를 골라서 칠판에 적은 후 일부러 틀린다. 그러고는 "이상하다, 왜 틀렸을까?" 하고 고민하는 모습을 보여 주면서 아이들이 지적할 때까지 기다린다.

아이들이란 어른의 실수를 찾아내는 걸 좋아해서 '어디가 틀렸는지' 필사적으로 알아낸다.

그렇게 해서 다 함께 실수를 공유하면 기억에 깊이 새겨진다.

○

실수는 오래도록 기억에 남는 법

이전에 어떤 아이가 "선생님, 이거 풀어 보세요." 하며 입시에 나온 문제를 가져온 적이 있다. 그 자리에서 내가 풀어 보였더니 "어? 선생님

여기서 틀릴 줄 알았는데 맞았네요." 하며 의아해했다.

"아니, 왜 내가 틀릴 거라고 생각했지?" 내가 묻자 그 아이는 "지난 번 수업 시간에 선생님이 틀렸던 부분이잖아요." 하고 대답했다.

그 아이는 내가 수업에서 일부러 틀린 게 매우 인상적이어서 계속 기억하고 있었던 것이다. 그 정도로 '실수'는 마음에 깊이 남는다.

아이들과 함께 공부할 때는 '아무래도 틀릴 것 같은데', '틀림없이 여기서 실수를 하겠지?' 싶어도 아무 소리 말고 실수하도록 그냥 두자. 실수를 하지 않도록 미리 주의를 주는 것은 언뜻 친절해 보여도 사실 아이가 익힐 기회를 빼앗는 행동이다.

34

아이가 선생님이 되어
엄마를 가르치는 작전

아이 공부에 가장 효과적인 방법은 '가르침을 받는 것'이 아니라 '가르치는 것'이라고 생각한다.

선생과 학생, 부모와 자녀라는 관계에서 대개는 어른이 일방적으로 가르치는데 이것은 대단히 안타까운 상황이다.

아이가 성장할 수 있는 가장 좋은 기회는 남을 가르칠

때이기 때문이다.

●

"엄마한테 가르쳐 줄래?" 하고 말해 보자

집에서 공부할 때도 아이가 뭔가 문제를 풀면 "그거 어떻게 하는 건지 엄마한테 가르쳐 줄래?" 하고 묻는 것이 매우 중요하다.

고학년이 되면 좀 어려울 수도 있지만 저학년 때라면 아이도 신이 나서 엄마에게 설명한다.

그럴 때 엄마가 "아, 그렇게 푸는 거구나. 잘 알았어.", "그런 거였어? 재밌네." 하고 기뻐하면 아이는 더 열심히 가르쳐 준다.

학원에서도 친구끼리 서로 가르치는 것을 장려한다.

과학을 잘하는 아이는 친구에게 과학을 가르쳐 주고 상대편 아이가 국어를 잘한다면 과학 대신 국어를 가르쳐 주는 모습도 자주 보인다.

물론 우리 선생님들은 멀찍이 떨어져 그 모습을 보면서 틀리게 가르치고 있지는 않은지 슬며시 관찰한다. 어쨌든 가르친다는 것 자체에 큰 가치가 있기 때문에 계속해서 서로 가르치도록 유도한다.

그러다가 때로 아이들끼리 알려 줬던 것보다 좋은 해법이 있다면 가르쳤던 아이에게 일러 주어 이런 해법도 있으니까 친구에게도 가르쳐 주라고 '말 전하기 놀이'처럼 전달하기도 한다.

혹은 수업 중에 "이 문제 푸는 방법 아는 사람?" 하고 물어보아 안다고 하는 아이가 있으면 그 아이가 설명하도록 한다.

설명을 마치면 "이 설명 듣고 이해한 사람?" 하고 또 묻는다. 그러면 당연히 이해한 학생도 있고 이해 못 한 학생도 있는데, 이번에는 이해한 학생이 이해하지 못한 친구에게 재차 설명한다.

말하자면 '가르치기 사슬'을 만들어 가는 것이다.

○

아이가 설명하는 습관을 들이자

가정에서도 아이가 설명하게끔 습관을 꼭 들이기 바란다.

학교에서 돌아온 아이에게 "오늘은 어떤 걸 배웠니?" 하고 엄마가 아이에게 물어보기만 해도 좋다.

딱딱한 공부 시간을 가지는 게 아니라 5분이나 10분 동안 '오늘 학교에서 배운 것'을 말하는 시간을 마련하면 된다. 아이의 설명을 듣고 "오, 그런 걸 배웠구나!", "그다음은 다음번에 배우면 알려 줘." 하고 엄마가 말한다면 아이는 '엄마한테 설명해야지' 생각하면서 수업을 열심히 듣는다.

이 경우 가장 좋지 않은 전개는 "그걸 배웠다면 이런 것도 있단다.", "이것도 아니?" 하면서 다시 부모가 가르치는 것이다.

거듭 말하지만 중요한 것은 아이가 가르침을 받는 게 아니라 아이가 설명하고 가르치는 입장이 되는 것이다.

그림 15

아이가 선생님이 된다

**다른 사람에게 가르칠 때
자신의 지식으로 깊이 정착된다**

35

열 살까지는
하루 30분만 공부하면
충분하다

"선생님, 하루 공부 시간은 어느 정도가 좋은가요?"

많은 학부모가 이런 질문을 한다.

초등학교 3~4학년 아이들이라면 매일 1시간씩 공부할 필요는 없다.

숙제하는 시간을 제외하면 앞에서도 중요하다고 말했던 '읽기, 쓰기, 셈하기'를 각각 10분씩, 합쳐서 30분이면 충분하다.

10분 × 3세트를 기준으로 한다

우선 읽기는 학교 교과서나 176~178쪽에서 소개한 책도 좋으니 소리 내어 읽는다. 또박또박 소리 내어 읽다 보면 7~8분이 금세 지나간다.

쓰기는 아이의 수준에 맞추어 10분 정도 받아쓰기를 한다.

셈하기는 계산 문제를 5~6분 동안 푼 후 채점을 하여 틀린 문제를 다시 풀게 한다.

이렇게 하면 30분이 지나간다.

입시를 준비하는 시기라면 좀 더 공부를 해야겠지만 초등학교 3~4학년까지는 각각 10분, 합쳐서 30분 정도면 된다. 거기에 익숙해지면 15분씩 3세트, 총 45분 정도면 충분하다.

장시간 공부시키지 말자

여기서 무엇보다도 중요한 점은 매일 공부하는 습관을 들인다는 것이다.

그리고 매일 공부하는 첫 번째 비결은 '장시간 공부하지 않는 것'이다.

아이란 엄마와 지내는 시간을 아주 좋아하며 못 했던 것을 하게 되고 새로운 것을 알게 되는 것도 원래는 좋아한다. 공부를 하다 보면 가끔은 "더 할래.", "더 할 수 있어." 조르는 날도 있다. 부모로서는 기쁘기 그지없는 상황이다.

그렇지만 그런 날이라도 "그럼 나머지는 내일 또 하자."고 하며 어느 정도에서 끝내고 다음 날 계속하는 것이 중요하다. 아이에게 의욕이 있더라도 너무 오랜 시간 공부를 시키지 않는 게 좋다.

그 이유는 두 가지다.

적어도 50분에 한 번 쉬자

첫째 이유는 본디 아이들의 집중력은 그렇게 오래가지 못한다는 점이다. 저학년이라면 30~40분이 한계일 테고 고학년이라도 연속해서 공부하는 시간은 50분이 적당하다. 그래서 학교에서도 45분 또는 50분이 지나면 일단 수업을 마치고 쉬는 시간을 주는 것이다.

아이들은 적응력이 뛰어나서 1시간이나 1시간 반 동안 공부를 해야 한다면 장시간의 공부에 견딜 수 있도록 본능적으로 집중력을 떨어뜨리고 정신을 딴 데 팔기 시작한다. 그런 상황을 만들지 않기 위해서도 공부 시간은 길어도 40~45분 정도로 제한하는 것이 좋다.

덧붙이면 고학년이고 중학교 입시를 준비하는 아이라면 아무래도 하루 40분으로는 공부시간이 부족하니 40~45분을 2~3세트로 공부하는 것이 좋다. 물론 이때도 휴식 없이 계속하는 것이 아니라 일단 휴식 시간을 갖고 머리와 몸을 쉬는 것이 필요하다.

○

'어제 많이 했으니까 오늘은 안 해'를 방지하자

또 다른 이유는 '오늘 공부 많이 했으니까 내일은 안 해도 괜찮다'는 분위기를 만들지 않기 위해서다.

거듭 강조하지만 가장 중요한 것은 '매일 하는 것'이다.

그런데 '오늘은 공부가 잘 되니까 오래오래 공부한다'는 날을 만들면 '오늘은 공부하기 싫으니까 하지 않는다'는 날도 틀림없이 생긴다. 어른이든 아이든 기분의 파도는 치는 법이다.

그러니 기분에 따라 공부 시간을 바꾸면 공부할 마음이 드는 날에는 많이 하지만 공부하기 싫은 날엔 안 한다는 나쁜 습관이 몸에 익는다. 그렇게 되면 결과는 빤해서 점점 하지 않게 된다.

그렇게 되지 않기 위해서도 한꺼번에 너무 오랜 시간 공부하지 않고 조금씩이라도 매일 하는 것이 매우 중요하다.

36

10문제 중
8~9문제를 풀 수 있는
문제집을 고른다

"아이가 어떤 문제집을 푸는 게 좋을까요?"

이것도 정말 자주 받는 질문이다. 최근에는 문제집도 다양하고 풍부해서 여러 수준으로 나온다.

문제집을 선택할 때 내가 항상 하는 말은 10문제 중 8~9문제를 풀 수 있는 것을 고르라는 것이다.

공부란 끙끙거리며 고민하기보다 손을 움직이는 게 더 중요하기 때문이다. 일단 손을 움직여 푸는 습관을 들여야 한다.

그렇지만 부모는 아이가 끙끙대며 생각하는 모습을 보면 안심한다. 교과서나 문제집을 들여다보며 아이가 머리를 싸매고 고민하면 공부를 열심히 하고 있다고 느끼고 사고력이 높아지리라고 기대한다.

사실 공부를 잘하는 아이는 대부분 문제를 보면 일단 손을 움직여 풀고 본다.

그런데 요즘 아이들은 문제를 딱 본 순간 알 것 같으면 풀려고 시도하지만 모르겠다고 느끼면 곧바로 포기하고는 "선생님, 모르겠어요." 하는 경향이 강하다.

알든 모르든 일단 손을 움직여 풀면서 시행착오를 겪어 보면 실력이 붙는다.

'그렇다면 좀 어려운 문제를 풀게 해서 시행착오를 겪는 습관을 들이는 게 좋겠구나.'

이렇게 생각하는 학부모도 있을 것이다.

하지만 그와는 정반대다.

◉

공부란 손을 움직이는 것이라는 습관을 들이자

우선 80~90퍼센트 이상 풀 수 있는 문제집을 주고 '문제를 보면 즉 각 손을 움직여 푸는' 습관을 붙이는 게 중요하다.

그렇게 해서 '공부=손을 움직인다'는 의식을 하면 문제를 대할 때 썼다가 지우는 시행착오를 할 수 있다.

나는 수업 중에도 '썼다가 지우는' 시행착오를 촉진하기 위해 퍼즐 을 몇 번이나 한다. 그것도 가만히 생각하며 뭔가 번뜩 떠오르기를 기 대하는 것이 아니라 일단 뭔가를 써 보고 틀린 것 같으면 지우고 다시 쓰는 과정을 반복해야 풀 수 있는 퍼즐을 시킨다.

우리 학원에 오래 다닌 아이는 그 감각에 익숙하기 때문에 바로 풀 수 없는 문제라도 손을 움직여 쓰고 지우기를 반복한다. 그렇지만 갓 들어온 학생은 문제를 본 순간 "선생님, 모르겠어요." 하고 말한다.

그러면 재미있게도 옆에 앉은 아이가 "모르겠어도 뭐든지 써 봐." 하고 말해 주기도 한다. 공부를 하는 데는 이 감각이 아주 중요하다.

공부란 곰곰이 생각하여 해답에 도달하는 것이라고 여기는 학부모는 반드시 발상을 전환하기 바란다.

물론 생각하는 것은 중요하다. 그렇지만 어릴 때 익혀야 하는 것은 손을 움직여 공부하는 습관이다. 그런 의미에서 문제집을 고를 때는 10문제 중 8~9문제를 풀 수 있는 수준으로 고르라.

아이가 어느 정도 풀 수 있을지, 얼마나 손을 움직이는지 잘 살펴보자. 그런 점을 파악하여 문제집을 고르는 게 중요하다.

그림 16

10문제 중 8~9문제를 풀 수 있는 문제집을 고른다

➡ 처음부터 어려운 문제집을 준다

➡ 10문제 중 8~9문제를 풀 수 있는 문제집을 준다

**손을 움직여 공부하는 습관이 생기면
어려운 문제도 손을 대고 풀 수 있다**

37

수학 올림피아드 우승자도 암기에 강했다

'암기 위주로 공부한 사람은 사회에서 쓸모가 없다.'

요즘 부모들(특히 30~40대)은 암기만 열심히 해서는 안 된다는 풍조 속에 자란 세대다.

나도 암기만으로 사회에서 통용되는 능력을 익힐 수 있다고는 생각 하지 않는다.

그렇지만 그것이 암기를 하지 않아도 된다는 뜻은 아니다. 균형 잡힌 공부가 필요하다는 의미에서 나온 이야기일 뿐이다.

○

수학에도 암기력이 필요하다!

내 친구들을 보아도 사회에 나가 활약하는 우수한 사람들은 거의 예외 없이 암기력이 뛰어났다. 암기 이외의 능력이 있는 것도 사실이지만 암기 역시 잘한 것이다.

예를 들어 수학 올림피아드에서 메달을 딴 친구가 있는데 그 친구는 암기력, 기억력도 비상했다. 수학이라고 하면 발상력과 논리적 사고력이 필요하다고 생각하기 쉽지만 사실 해법을 외우고 문제의 패턴을 여러 가지 기억하는 것이 대단히 중요한 요소다.

나도 이과 출신이지만 어릴 때부터 암기를 좋아해서 친구들과 나라 이름 외우기 경쟁을 했고, 중학교 때는 고전 수업에 나온 문장을 줄줄

외워서 선생님께 칭찬을 받기도 했다.

또 고등학교 친구 중에 누구나 인정하는 수재가 있었는데 무엇 때문인지 양치식물 종류를 전부 외우는 좀 별난 친구였다.

주변 사람들은 그 친구에게 양치식물만 외우지 말고 다른 식물도 외우라고 했지만, 아무튼 외우는 힘 자체가 그의 학습력을 뒷받침했음은 틀림없다.

그러니 부모는 아이가 뭔가를 외우는 것을 꼭 칭찬하자.

원래 아이들은 뭔가 외우기를 좋아한다.

철도든 공룡이든 부모가 보기에는 그런 걸 외워서 뭘 하겠냐 싶지만 외운다는 행위 자체에 큰 가치가 있다.

많은 것을 외우기 위해서는 색과 형태를 비롯한 모든 정보의 차이를 구분하고 정리하여 머릿속에 보존해야 한다. 이것은 뇌를 엄청나게 발달시키는 작업이기도 하다.

더 외우고 싶다는 마음을 키워 주자

예를 들어 역사를 좋아하는 아이가 '장군의 이름'을 많이 외우고 있다면 그것은 그것대로 좋다. 부모는 좀 더 공부에 직결되는 것을 외우면 좋겠다고 생각하겠지만 일단 외우는 힘 자체가 중요하다.

장군이나 공룡, 철도나 곤충 등 아이가 흥미를 갖고 외우는 것은 틀림없이 공부에도 도움이 된다.

부모는 너무 초조해하지 말고 "또 외웠어? 대단하다!", "그 공룡은 특징이 뭐니?" 하면서 아이가 외운 것을 칭찬하여 '더 외우겠다'는 마음을 지혜롭게 키워 주기 바란다.

암기를 경시해서는 안 된다

그림 17

POINT 암기력은 과학이나 사회뿐 아니라 수학 공부에도 필요하다

**공부에 직접 관련이 없어도
아이가 뭔가를 외운다면
많이 칭찬하자**

38

네 가지
최강 암기법

암기 이야기가 나온 김에 암기법도 설명하겠다.

인간은 외운 것을 쉽게 잊어버리는 생물이다.

독일의 실험심리학자 에빙하우스가 제창한 망각 곡선 이론에 따르

면 사람은 일단 외우고 나서 한 시간이 지나면 56퍼센트를 잊고, 하루

가 지나면 74퍼센트를 잊으며 일주일 후에는 77퍼센트를 잊어버린다

고 한다.

외운 것 중 대부분을 잊어버리는 것이다.

그래서 내가 첫 번째로 권하는 기억법은 '한 번 외운 내용을 다시 끄집어내어 기억을 정착시키는 것'이다.

귀갓길에, 다음 날에, 일주일 후에, 암기한 내용을 다시 확인하여 기억을 확실하게 정착시키는 방법이다.

예를 들면 아이를 학원에서 집으로 데려오는 길에 엄마가 "오늘은 뭘 배웠어?" 하고 물어서 5분이라도 복습을 하면 그것만으로도 기억의 정착률은 높아진다.

"학이랑 거북이가 6마리 있는데, 전부 합쳐서 다리가 20개면 각각 몇 마리씩 있는지 맞혀 보라고? 글쎄 어떻게 하지?" 하고 아버지나 어머니가 물어보는 식이면 된다.

그런 습관이 기억의 정착에 큰 효과를 발휘한다.

좀 더 구체적인 암기법으로는 연표든, 한자든, 지역별 특산품이든,

뭔가를 외웠을 때 다음 날 또 한 번 확인하고 일주일 후에 다시 확인하는 방법을 추천한다.

○

손으로 외운다

두 번째 권하는 기억법은 일단 손으로 쓰는 것이다.

아이는 어른에 비해 기억력이 각별히 뛰어나다.

그렇지만 눈으로 보기만 해서는 아무래도 금세 잊어버린다. '1945년 포츠담 선언'을 외웠다면 그것을 몇 번이고 공책에 쓴다. 바로 그 '손이 외우는' 느낌이 있으면 기억에 남는다.

한자를 외울 때는 그 글자만 쓰는 게 아니라 문장으로 연습하면 더 좋다. 아이는 귀찮다고 싫어하겠지만, 예를 들어 향상(向上)이라는 단어만 연습하는 것이 아니라 '성적(成績)이 향상(向上)되었다'와 같이 문장으로 연습하면 효과가 더 높다.

그림과 도형을 그려 본다

세 번째 추천하는 암기법은 과학 교과서나 사회 교과서에 나오는 그림 또는 도형을 잠시 본 후 교과서를 덮고 기억에 의존해 공책에 그려 보는 방법이다.

교과서에 실린 그림이나 도형을 머릿속에 떠올려 가능한 한 충실하게 그리게 한다. 이때 다리 수나 위치, 날개가 붙어 있는 방식 등을 정확하게 재현할 수 있는 아이는 성적도 쑥쑥 오른다.

참고로 중학교 입시에 비슷비슷한 그림 10종류를 제시하고 '다음 그림에서 올바른 것을 고르시오'라는 문제가 출제되었다. 실제로 그림을 보니 다리와 날개가 붙어 있는 방식이 조금 달랐는데 정말 사소한 차이를 발견하고 올바른지 판별하는 것이었다.

어른도 풀기 어려운 문제였다.

그렇지만 교과서 그림을 기억해서 스스로 그려 본 아이는 이 정도 문제는 쉽게 풀 수 있다.

교과서에 실린 복잡한 별자리나 꽃의 수술과 암술 등 많은 그림을 그려 보게 하자.

○

연표를 만들어 화장실에 붙인다

마지막으로 추천하고 싶은 것은 아이와 함께 연표를 만드는 암기법이다.

부모와 아이가 함께 역사에서 한 시기를 정한 후 큼지막한 종이에 연표를 만든다.

이때 요령은 "이거 완성하면 화장실에 붙여 놓자. 그러니까 잘 만들어야 해." 하고 게시물이니까 제대로 만들자는 이벤트성을 추가하는 것이다.

실제로 학원에서도 "연표가 완성되면 벽에 붙일 거니까 예쁘게 만들어라." 하면 아이들은 진지한 태도로 평소보다 신중하게 글씨를 쓴다.

진지하게 만든 결과물에 뿌듯해하면 그만큼 학습 효과도 높다.

39

공부 잘하는 아이일수록 노트가 지저분하다

공부법 이야기를 하면 "어떤 식으로 노트 정리를 하면 좋을까요?" 하는 질문을 많이 받는다. 몇 년 사이 《기적의 노트 정리법》 같은 책이 출판되는 등 노트 정리법에 눈길이 쏠리고 있다.

많은 아이를 보아 온 경험에서 말하면 노트가 깔끔한 아이가 꼭 공부 잘하는 아이는 아니다.

오히려 공부를 잘하는 아이일수록 감각적, 직감적으로 노트 필기를 하기 때문에 아무리 좋게 봐줘도 '노트 정리를 깔끔하게 한다'라고 할 수 없다.

그렇지만 나는 그걸로 족하다고 생각한다.

노트란 메모이며 연습장이기 때문이다.

예를 들어 수학 노트 왼쪽 면에 문제를 예쁘게 적고 오른쪽 면을 사용해서 계산한다는 정연한 사용법을 고수할 필요는 전혀 없다. 지저분해도 좋으니 일단 손을 움직여서 계산을 하자. 그러기 위한 메모장이자 연습장으로 노트가 기능하면 그걸로 충분하다.

"글씨를 예쁘게 써라.", "깔끔하게 좀 정리해라." 하고 잔소리하고 싶겠지만 노트를 예쁘게 정리하는 것보다는 하나라도 많은 문제를 풀어 학습력을 갖추는 것이 중요하다.

계산 외에 과학이나 사회 과목도 중요한 내용을 적어 둔다는 정도의 마음으로 노트를 사용하면 된다.

깔끔한 노트 정리에 집착하지 말자

그 첫 번째 이유는 '공부=노트에 정리하는 것'이라고 생각하지 않기를 바라기 때문이다. 학교에서도 학원에서도 노트에 글씨를 쓰는 것, 깔끔하게 정리하는 것에 집착한 나머지 선생님 이야기를 제대로 듣지 않거나 내용이 머리에 전혀 들어오지 않는 아이도 있다. 이것은 본말 전도다.

부모는 '노트 정리를 깔끔하게 잘하다니 훌륭하구나!', '공부를 열심히 하고 있구나.' 하고 생각하겠지만 그것은 진정한 공부가 아니다.

이건 기록해야겠다고 생각한 내용을 메모하는 느낌으로 써 두는 정도면 된다.

고등학생, 대학생이 되면 정보를 정리하거나 체계적으로 통합하는 등의 목적으로 보기 좋게 정리하는 것이 중요하지만 초등학생, 중학생 때는 노트 정리에 온 힘을 쏟는 것을 권하지 않는다.

받아쓰기와 작문은 또박또박

다만 받아쓰기나 작문 등 쓰는 것 자체가 목적인 공부는 글씨를 또박또박 쓰게 해야 한다.

이것은 노트 정리라기보다 쓰기 연습이므로 글씨를 또박또박 쓰는 것이 중요하다.

여기서 포인트는 '예쁘게'가 아니라 '또박또박'이다.

아이에게 글씨를 예쁘게 쓰라고 하면 "나 글씨 예쁘게 못 쓰는데……." 하는 아이라도 예쁘게 못 써도 되니까 또박또박 쓰라고 하면 잘 쓰려고 노력한다.

다시 한 번 말하자면 노트는 예쁘게 정리하는 게 중요한 게 아니다. 산만해도 좋으니 메모장이자 연습장으로 사용하는 경우와 받아쓰기나 작문처럼 또박또박 쓰는 연습으로 사용하는 경우를 제대로 구별하는 것이 중요하다.

깨알처럼 빼곡히 쓰지 않는다

노트는 15칸짜리가 글씨를 연습하는 데 최적의 크기다. 쓰는 힘이 붙으면 대학 노트를 써도 괜찮지만 이때도 줄 간격이 너무 좁은 것은 쓰지 않는 게 좋다.

수학, 과학, 사회는 대학 노트를 써도 상관없지만 줄 간격이 넓은 노트에 한 줄씩 띄어서 쓰도록 지도한다.

이 방법이 절대적으로 옳다는 것은 아니다. 그렇지만 빽빽하게 쓰지 않고 여유 있게 쓰는 것이 아이에게 맞는 듯하다.

노트 자체는 저렴한 제품을 써도 충분하다. 여유롭게 많은 페이지를 사용하는 것이 실력을 향상시키기에 적합하다.

40

집중력이 향상되는
조용한 시간

아이가 혼자만의 시간을 갖는 건 사실 대단히 중요하다.

그저 혼자 있는 것이 아니라 혼자서 묵묵히 무언가를 하는 시간.

이 시간을 체험했는지 못 했는지가 공부에서도, 그 후의 인생에서도

큰 차이를 낳는다.

아이들은 뭔가에 푹 빠져서 조용하게 하는 것을 좋아한다. 똑같은 일

을 몇 번이고 되풀이하는 것은 어느 아이에게서나 나타나는 특징이다.

아이가 어릴 때 집짓기 블록을 쌓았다가 그것을 무너뜨리는 일을 질리지도 않고 몇 번이나 되풀이하지 않던가?

그런 행위를 반복하는 모습을 보면 부모는 몹시 불안하지만 뭔가를 혼자 묵묵히 한다는 것은 나쁜 일이 아니다. 오히려 필요한 일이다.

'아이가 뭔가를 혼자서 하는 시간'을 소중하게 여기자.

내가 보아 온 아이들 중에 필기구 쌓아 올리기를 좋아하는 아이가 있었다. "왜 그렇게 쌓니?" 물어보니 딱히 이유가 있는 건 아니었다.

그 아이는 필기구를 쌓는 것이 그냥 좋아서 틈만 나면 쌓아 올리기에 푹 빠졌다. 그런데 그 작업이 본인에게는 기분 전환이 되면서 집중력을 높이는 훈련도 된 듯하다. 그 아이는 공부할 때도 집중했고 결국 중학교 입시에도 성공했다.

필기구를 쌓아 올리는 것 말고 혼자서 그림을 그린다거나 퍼즐을 푸

는 것도 괜찮다. 혹은 야구방망이를 휘두르거나 축구공으로 리프팅을

하는 것도 좋다.

○

뭔가에 열중하는 습관을 들이자

중요한 것은 뭐가 됐든 혼자서 묵묵히 집중하는 것이다.

자연스럽게 자발적으로 그런 시간을 갖는 아이는 그대로 두면 된다.

만약 '우리 아이는 좀처럼 그런 시간을 갖지 않는다'는 생각이 든다면

"지금부터 한 시간 동안 엄마는 책을 읽을 건데 넌 뭘 할래?" 하는 식

으로 느긋하게 뭔가를 할 시간을 마련해 주어도 좋다. 그 시간에는 책

을 읽어도 되고 블록을 쌓거나 퍼즐을 풀어도 된다.

아이에게 부모와 함께 있지만 다른 일에 혼자서 빠져드는 시간을 꼭

만들어 주자.

집중력이 있고 없고가 분명하게 나뉜다

우리 학원 수업은 강의 위주가 아니라 연습이 중심이다.

선생님이 뭔가를 설명하는 시간보다 아이들 스스로 열심히 손을 움직이며 문제를 푸는 시간을 중요하게 여긴다.

여기에는 몇 가지 기대하는 바가 있는데, 혼자서 묵묵히 한다는 습관과 느낌을 알게 하고 집중력을 키우려는 것도 큰 목적 중 하나다.

아이는 선생님의 말을 일방적으로 듣는 쪽이 편하다. 듣든 말든 수업은 진행되기 때문이다. 하지만 연습 문제를 풀면 그럴 수 없다. 다들 조용히 문제를 풀고 있는데 혼자만 눈앞의 프린트물이나 문제집을 외면하기는 힘들다.

이런 연습을 시키면 혼자서 묵묵히 뭔가를 하는 집중력이 있는지 없는지 분명하게 나뉜다. 어릴 때부터 블록 쌓기나 독서, 그림 그리기, 축구공 리프팅 등 혼자서 묵묵히 하는 시간을 일상적으로 체험한 아이는 집중력 역시 높다.

부디 가정에서도 '혼자만의 시간'을 소중하게 생각하기 바란다.

그래도 게임은 시키지 않는 게 좋다

단, 혼자만의 시간에 게임을 해서는 의미가 없다.

게임은 혼자서 묵묵히 하는 듯 보여도 사실 많은 게임이 제멋대로 전개되어 결과를 받아들이는 입장이 되기 때문이다. 게임이 100퍼센트 무의미하다고는 못하겠지만 혼자만의 시간을 만들어준다는 의미에서라면 역시 게임이 아닌 다른 것을 하도록 하자.

5장

완전 공략!
과목별 공부법

41
합격, 불합격을 가르는 수학

이제부터는 과목별 공부법을 설명하겠다. 일본의 중학교 입시와 관련한 이야기가 많겠지만 한국의 초등학생도 국제중학교나 특목고를 목표로 입시 공부를 하는 경우가 많으니 성적을 올리는 방법으로 참고하면 좋을 것이다.

일본의 중학교 입시에서 합격, 불합격을 가르는 것은 수학이다. 많은 중학교가 수험생과 합격자의 평균 점수를 공표하는데 수학에서 점수 차이가 가장 크다. 〈그림 18〉을 보자. 3대 명문 중학교 중 하나인 가이세이 중학교의 2014년 입시 결과다.

수학에서만 10점 이상 차가 난다. 학교에 따라서는 나머지 두세 과목 점수 차의 합계가 수학 한 과목의 점수 차와 맞먹을 정도로 점수 차가 크다. 즉, 수학을 잘하는 아이는 합격이 수월하고 불합격한 아이는 수학을 못한다는 의미다.

덧붙이면 점수 차가 가장 벌어지기 어려운 과목은 사회다. 과학은 지구과학, 생물 등 암기 요소가 강한 분야는 점수 차가 벌어지기 힘들고 물리, 화학 등 수학적 요소가 강한 분야는 점수 차가 벌어지기 쉽다.

그러면 어떻게 하면 수학 실력을 갖출 수 있을까? 이 점이 가장 궁금할 것이다.

수학의 기본은 계산력이다. 거기에 문제를 이해하는 독해력, 정보와 상황을 정리하고 분석하는 능력, 해답을 이끌어내기 위한 논리적 사고

가이세이 중학교 입시 결과 (2014년)

그림 18

	합격자 평균 점수	응시자 평균 점수
수학	61.9	49.8
국어	46.4	39.3
과학	60.0	54.8
사회	61.8	58.7

수학에서만 점수 차가 크다

등 다양한 요소가 필요하다.

  그만큼 복잡한 요소가 많이 들어 있어서 수학은 점수 차
가 나기 쉽고 학교에서는 수학을 잘하는 아이를 뽑고 싶어
하는 것이다.

42

학습 만화,
분명히
도움이 된다!

이 책에서는 읽기, 쓰기, 셈하기가 중요하다고 몇 번이나 강조했다.

수학의 토대는 셈하기(계산 연습)만으로 충분히 다질 수 있다. 그런데 '아이가 수학을 싫어하고 부모 역시 수학에 자신이 없는' 경우가 있다.

그런 상황이라면 학습 만화를 활용하라고 강력하게 권한다.

학습 만화 시리즈를 활용하자

한국처럼 일본에서도 학습 만화 인기가 높다. 쇼가쿠칸(小學館.《포켓

몬스터》《도라에몽》《피구왕 통키》《슬램덩크》《명탐정 코난》을 출간하면서 일본 만

화의 전성기를 이끈 대표 출판사)에서 나온 〈도라에몽 학습 시리즈〉 등 이

른바 학습 만화 시리즈가 시중에 많이 나와 있다.

이런 시리즈는 〈곱셈, 나눗셈〉〈면적과 체적〉〈도형〉 등

권별로 주제가 나뉘어 있어서 필요한 부분만 골라 읽으면 된다.

지금까지 설명했듯 공부를 시킬 때 '선행 학습을 어디까지 할까'는

대단히 까다로운 부분이다.

그렇지만 학습 만화 시리즈를 읽는 정도라면 그렇게 신경을 곤두세

울 필요는 없다.

중요한 것은 '알 것 같다'는 느낌

초등학교 2~4학년 아이가 학습 만화 시리즈를 읽고 '어렴풋이 알 겠다', '확실하게는 몰라도 일단 머릿속에 집어넣었다'고 느끼는 것은 꽤 의미가 있다.

실제로 수업에서 처음으로 곱셈이나 나눗셈을 설명하면 학습 만화 에서 봤다고 하는 아이도 있다.

'조금 알아!', '들어 봤어'와 같은 느낌이 '나 이거 잘해' 감각으로도 이어진다. 수학뿐 아니라 국어, 사회, 과학, 나아가 음 악이나 체육 등의 시리즈도 나와 있으니 아이에게 읽혀 보면 어떨까?

이때 주의할 점은 '이것만 읽으면 공부를 잘한다!'고 극단적으로 생 각하지 않을 것과 〈○○학습 시리즈〉가 좋다니까 몽땅 읽히자!'고 덤 벼들지 않는 것이다.

○

학습 만화는 초등학교 4학년까지!

아무리 좋은 학습 만화 시리즈라고 해도 초등학교 5~6학년이 읽고 있다면 그다지 효율적이라고 할 수 없다. 학습 만화는 실력을 높인다기보다 잘한다는 감각을 키우고 흥미와 관심을 갖게 하는 것이기 때문이다.

6학년이 읽으면 절대 안 된다는 얘기는 아니지만 학습 만화를 활용하는 시기는 아무래도 초등학교 4학년까지라고 생각하기 바란다.

학습 만화 활용 방법

그림 19

어떤 시리즈든
괜찮다!

'나 아는 건데!', '들어 본 적 있어'가
'나 이거 잘해' 감각으로 이어진다

43

분수의
곱셈, 나눗셈은
3학년까지 끝마치자

이 책에서는 '선행 학습을 너무 시키면 좋지 않다'고 했지만 예외적

으로 권하고 싶은 선행 학습도 있다.

바로 분수의 곱셈과 나눗셈이다.

학교에서는 5학년이 될 때까지 가르치지 않는다

정규 교과과정에서 처음으로 분수를 배우는 때는 3학년이다.

그렇지만 4학년까지 분수의 덧셈, 뺄셈만 배우고 분수의 곱셈, 나눗셈은 5~6학년이 되어서야 배운다.

분수란 이런 것이라는 개념을 가르치고 나서 2, 3년이 지난 후에야 분수끼리 곱하고 나누는 법을 배우는 것이다.

왜 이렇게 뜸을 들이는 걸까?

알다시피 분수의 나눗셈은 분모와 분자를 뒤집어서 곱한다는 조금 복잡한 방법이어서 5학년은 되어야 이해할 수 있다는 배려 때문이다.

그렇지만 나는 5학년이면 너무 늦는다고 생각한다.

사실상 어째서 분수 나눗셈은 분모와 분자를 거꾸로 뒤집어서 곱하는지를 제대로 이해하는 것은 5학년이라도 어렵다. 아니, 이 부분을 정확히 알기 쉽게 설명하는 것은 선생님도 어려운 문제다.

본질을 이해하고 공부한다는 것이 매우 중요한 일이기는 하지만 분수의 곱셈, 나눗셈을 초등학교에서 배우는 단계에서 이론적으로 완벽하게 이해하기는 거의 불가능하다.

○

계산 연습을 반복하는 편이 중요하다

어차피 이해 못 할 바에는 분수 개념을 배울 때 덧셈, 뺄셈, 곱셈, 나눗셈 하는 방법까지 배워서 반복 연습하는 편이 좋다.

계산 문제를 반복해서 푸는 동안 분수란 이런 것, 곱셈과 나눗셈이란 이런 것이라고 경험적으로 알게 되는 부분도 크기 때문이다.

원리도 모른 채 일단 계산 방법만 알면 된다는 공부법에는 물론 의문도 남는다. 하지만 나는 분수의 곱셈과 나눗셈에 한해서는 3학년 단계에서 끝내는 게 좋다고 생각한다.

◉

열 살을 넘기면 이론적 설명 없이 가르치기 힘들다

이참에 말하자면 이론을 따지지 않고 머릿속에 넣는 작업이 문제없이 이루어지는 것은 열 살까지다. 그 나이가 지나면 이론적 이해가 필요해져서 그냥 이렇게 하면 된다고 무작정 밀어붙이기 어렵다.

그런 측면에서도 분수의 곱셈과 나눗셈은 3학년까지 끝내는 것이 좋다.

44

방정식은
미리
가르치지 말자

방정식은 선행 학습을 해서는 안 되는 영역이다.

중학교 입시를 시킬 정도로 교육에 열성적인 부모님이라면 '그렇게

계산이 중요하다니 방정식을 먼저 가르치자'고 생각하기 쉽지만 그건

안 된다.

공부에는 각각 필요한 단계가 있다

수학 공부에는 각각 필요한 단계가 있어서 방정식을 쓰지 않고 시행착오를 겪으면서 푸는 단계가 매우 중요하다.

그렇게 해서 시행착오를 겪으며 수학적인 사고방식을 이해해야 그 후 방정식을 배울 때 '아, 이런 편리한 방법이 있었구나' 감탄하고 '어떻게 그 방정식이 성립하는 걸까'라는 구조적 부분을 이해할 수 있다.

또 다른 문제도 있다. 방정식은 편리한 도구다. 그걸 초등학생 때 사용하면 그 시기에 키워야 할 능력을 키울 수 없다.

이러한 이유에서 방정식은 선행 학습을 하지 말아야 한다.

시중의 수학 올림피아드 대비 문제집에는 방정식을 쓰면 쉽게 풀리는 문제도 있다. 그렇더라도 방정식을 사용하지 않고 푸는 데 의미가 있음을 반드시 이해하기 바란다.

45

가능한 한
종이에 쓰지 않고
암산한다

수학 계산 문제를 풀 때는 가능한 한 암산하는 것이 중요하다.

아이들을 가르칠 때면 흔히 계산하다가 실수하지 않도록 종이에 적

으면서 하라고 지도한다.

이것도 잘못된 지도는 아니다. 필산을 해서 정확하게 계산하는 것은

아주 중요하다.

다만 <u>진짜 계산력을 갖추기 위해서는 암산을 할 필요가</u> 있다.

성인도 계산을 잘하는 사람, 잘 못하는 사람이 있는데 필산에서는 그렇게 차이가 나지 않는다.

그렇지만 머릿속에서 계산을 하면 갑자기 차이가 벌어진다. 진짜 계산력의 차이가 드러나는 것이다.

아무쪼록 아이가 진짜 계산력을 갖게 하자.

◉

필산은 작업, 암산은 두뇌 훈련

확실히 필산보다는 암산을 할 때 실수할 확률이 높다. 당연한 일이다.

그래서 학부모들은 "쓰면서 안 하니까 계산이 자꾸 틀리잖아!" 하고 야단을 친다.

하지만 그 말은 꾹 참고 "다시 한 번 계산해 보자."고 하며 암산 연습을 반복시키자. 그렇게 해서 뇌를 사용하고 생각할 때 계산력이 붙는다.

극단적으로 말하면 필산은 작업이고 암산은 두뇌 훈련이다. 초등학생이 되면 암산 습관을 조금씩 키워 나가야 한다.

수학에는 '이렇게 하면 쉽게 풀 수 있다'는 편리한 방법이 많다.

그 대표 격이 방정식이고 거리, 속도, 시간의 관계를 쉽게 계산하는 방법도 있다. 또 25×16을 계산할 때도 $25 \times 4 \times 4$로 분해하여 $25 \times 4 = 100$, $100 \times 4 = 400$으로 계산하는 편이 수월하다.

그런 요령이 수학에는 많다.

그렇지만 이런 방법을 안일하게 알려 주는 것은 바람직하지 않다.

그런 요령은 효율 좋은 작업 방법일 뿐 두뇌 훈련은 되지 않기 때문이다.

부모는 결과에 급급해서 '효율 좋은 작업 방법'만 찾기 쉽다. 하지만

처음부터 편리한 계산법을 배우면 안 된다

그림 20

일례로 25×16이라면

25×4×4로 분해해서 계산하는 편이 쉽다

「25×4=100」 ➡ 「100×4=400」

**두뇌 훈련에 도움이 되지 않으므로
처음부터 요령을 배우면 안 된다**

진짜 실력을 갖추려면 뇌가 땀을 흘리는 시간이 절대적으로 필요하다.

계산 요령은 암산력이 붙은 다음에 배워도 충분하다.

46

초등학교 4학년부터는 도구 없이 도형을 그리자

학교에서는 아이들에게 선을 긋거나 도형을 그릴 때 자를 대고 그리라고 지도한다.

아이들은 근력이 부족해서 선을 반듯하게 긋지 못한다. 그런 의미에서 자는 아주 편리한 도구다.

그렇지만 초등학교 4학년쯤 되면 자를 쓰지 않고 도형을 그리는 게 좋다.

첫 번째 이유는 그 편이 도형 감각을 키워 주기 때문이다.

●

머릿속으로 도형을 떠올리며 그리는 연습

부모나 교사는 자를 이용해서 반듯하게 도형을 그리면 "잘 그렸구나." 칭찬한다. 하지만 그런 칭찬은 초등학교 3학년 때까지만 하고 그후에는 머릿속에 그린 도형을 자를 쓰지 않고 종이에 옮기는 작업을 적극적으로 시키자.

도형 감각이 무엇이냐고 묻는다면 명료하게 대답하기는 힘들지만 중요한 것은 '눈을 감고 머릿속에 도형을 그릴 수 있는지 없는지'이다.

머릿속에 도형을 떠올릴 수 있는 아이는 대개 제도 기구를 쓰지 않고 손으로 능숙하게 도형을 그려 낸다.

도형 문제를 잘 푸는 아이일수록 문제를 금세 머릿속에 집어넣고 저장한다. 예를 들어 수업 시간에 "이건 꽤 어려운 도형 문제다."라고 말하며 화이트보드에 도형을 그리면 그 도형 문제를 머리로 기억해 버린다.

그리고 쉬는 시간에 공책 여백에 그 도형을 손으로 쓱쓱 그려서 다시 풀기 시작한다.

도형을 머릿속에 집어넣고 저장할 수 있는 것, 나아가 손으로 작도해서 재현할 수 있는 것은 누가 뭐래도 도형 감각이 있다는 증거다.

그런 감각의 발단이 된다는 의미에서도 초등학교 4학년이 되면 도형은 자 없이 그리도록 하자.

47

도형 그리는
방법을
알려 주자

아이들은 도형 그리는 방법을 알려 주지 않으면 제대로 그리지 못

한다.

때때로 나도 수업 중에 화이트보드에 입체도형을 그려 놓고 아이들

에게 똑같이 그려 보라고 한다.

〈그림 21〉을 보자. 어른은 정육면체를 그리는 법, 원근법을 이용하

는 법을 경험적으로 알고 있어서 비스듬히 선을 그어 깊이를 표현할 수 있다.

그렇지만 아이들은 그런 지식이 없어서 처음에는 제대로 그리지 못한다. 직사각형을 그리고는 똑바로 선을 긋는다거나 이상한 각도로 그리기도 한다.

●

처음에는 누구나 잘 그리지 못한다

자기 아이가 정육면체를 제대로 그리지 못하면 '우리 애는 도형 감각이 없는 걸까?' 불안해하는 학부모도 있을 텐데 걱정할 필요 없다.

입체도형을 그리는 방법은 보통 배우지 않고는 스스로 생각해 내지 못한다.

몇백 년, 몇천 년이라는 인류 역사 속에서 만들어진 방법이므로 단순히 가르치면 될 일이다.

일단 그렇게 도형 그리는 방법을 배우고 나서 도형 감각
이 생기는 아이도 많으니 꼭 알려 주자.

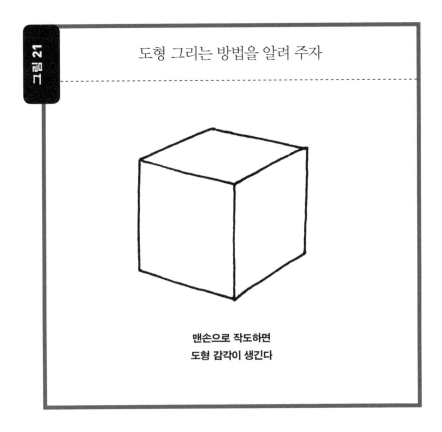

그림 21

도형 그리는 방법을 알려 주자

맨손으로 작도하면
도형 감각이 생긴다

48

아이에게
문제집의 해답지를
주지 않는다

수학에만 해당하는 얘기는 아니지만, 특히 수학 문제를 채점할 때는

절대 답을 쓰지 않도록 주의한다.

틀린 문제에 가위표를 하고 정답을 베껴 쓰지 말라는 얘기다. 답을

써 넣으면 실력이 늘지 않는다.

본래 문제집은 풀고, 채점하고, 틀린 문제를 다시 푸는 방식으로 활

용해야 한다.

그런데 채점하면서 틀린 문제에 정답을 표기하면 거기서 끝난다. 극단적으로 말해 그 문제는 평생 풀 수 없다.

틀린 문제에 정답을 써 넣지 않기 위해서도 가능한 한 아이에게는 해답지를 주지 않는 편이 좋다.

●

어려운 문제를 만나면 아이는 답을 본다

채점할 때는 당연히 해답이 필요한데 아이가 해답지를 갖고 있으면 문제를 풀다가 조금 어려운 문제를 만났을 때 아무런 악의나 죄책감도 없이 해답을 베끼게 된다.

그러고는 문제집을 다 풀었다고 믿는다.

말할 것도 없이 그렇게 해서는 전혀 실력이 붙지 않지만 "해답을 베끼면 의미가 없잖아.", "뭘 위해서 문제집을 푸는 건지 잘 생각해 봐."

하고 말한들 아이는 좀처럼 이해하지 못한다.

솔직히 말해 중학생이라도 해답을 보지 않고 문제집을 풀 거라고 장담하기 어렵다.

그렇기 때문에 초등학생 때는 해답지를 부모가 가지고 있다가 채점을 한다.

그만큼 부모도 번거롭겠지만 채점을 할 때는 답을 써 주지 말고, 틀린 문제는 다시 풀어 보는 게 중요하다는 점을 끈기를 가지고 분명하게 알려 주자.

49

무작정 읽는다고
'국어력'이
향상되는 건 아니다

국어력을 이야기할 때 떼려야 뗄 수 없는 것이 독서다.

확실히 책을 좋아해서 많이 읽는 아이는 대개 국어를 잘한다.

우리 애는 책을 많이 읽는데도……

한편, "우리 애는 책은 많이 읽는데 국어 점수가 별로 안 좋아요."라는 호소도 자주 들려온다.

정말 많은 이가 그렇게 말한다.

이 책을 읽고 있는 학부모 중에도 '우리 애도 그렇다'고 느끼는 사람이 많지 않을까?

분명 독서는 중요하다. 책을 읽지 않는 아이가 압도적으로 늘어나는 현실에서 책을 좋아하는 습관이 있다면 훌륭한 일이다. 활자에 익숙한 아이와 그렇지 않은 아이는 중학교, 고등학교에 진학하면 국어 실력에서 차이가 크게 벌어진다.

문제는 단순히 "독서를 하면 국어력이 반드시 향상된다!"고 이야기할 수 없다는 데 있다.

국어라는 교과목에서 요구하는 독해력은 일반적인 독

서와는 조금 의미가 다르기 때문이다.

●

독해력은 독서만으로는 익힐 수 없다

교과목으로서 국어는 의미를 올바르게 파악하기, 등장인물의 심리 이해하기, 단락별로 내용 요약하기 등 평이한 독서만으로는 익히기 힘든 능력이 필요하다.

물론 나는 독서가 나쁘다고 말하는 것이 아니다. 오히려 독서는 국어력의 기본이라고 생각한다.

다만 독서만으로는 국어라는 교과목에 필요한 독해력이 붙지 않는다는 사실도 모든 부모가 올바로 이해하기 바란다.

50

4~5학년이 되면
문제집을
착실히 풀자

진짜 국어력을 갖추려면 4~5학년 때부터 문제집을 풀어야 한다.

이것은 스토리를 좇아서 재미있게 읽는 독서와는 전혀 다르다.

국어 공부는 단어의 의미에 주목하고 '이것', '저것' 등 지시어가 가

리키는 것이 무엇인지, 이 단계에서 주인공은 어떤 기분인지, 이 설명

에 따르면 저자는 무엇을 말하고 싶은 것인지 따위를 생각하고 이해하

는 연습이다.

이 책을 읽고 있는 학부모는 책을 많이 읽으면 국어는 잘한다고 무

턱대고 믿지 않기 바란다.

특히 입시를 생각한다면 문제집을 풀어서 문제에 익숙해지는 연습

이 필요하다.

51

지문을 읽는 속도는
1분에 1,000자를
목표로

입시 대책을 이야기하자면 문제의 지문을 읽는 속도도 어느 정도 필

요하다. 당연히 시험 시간에 제한이 있기 때문이다.

통상적인 기준은 1분에 1,000자다. 이 속도로 읽는 능력을 갖추어야

한다.

물론 이때도 그저 빨리만 읽으면 되는 게 아니라 의미를

제대로 이해하면서 읽어야 한다.

초등학교 저학년부터 '소리 내어 반복해서 읽기'를 연습해야 한다.

이 책에서도 소리 내어 읽기의 중요성을 몇 번이나 설명했는데, 초등학교 6학년인데도 문장을 빠르고 정확하게 읽지 못하는 아이에게 우리 학원에서는 적극적으로 소리 내어 읽기를 시킨다.

이른바 명문 학교를 목표로 하는 아이라도 마찬가지다. 소리 내어 읽혀 보면 제대로 읽지 못하는 아이가 많다.

흔한 예가 자기도 모르게 건너뛰며 읽거나 단어를 정확하게 읽지 않는 패턴이다.

건너뛰고 읽더라도 이야기의 대강은 알 수 있고 글의 흐름을 이해할 수도 있지만 문제를 풀 때 정확한 답을 찾을 수 없다.

그런 학생에게는 수업을 마친 후 "여기부터 여기까지 소리 내서 읽어 봐라." 하고 소리 내어 읽는 연습을 철저하게 시킨다.

그렇게 모든 단어를 제대로 이해하면서 읽는 습관을 붙

이면 점점 읽기(묵독) 속도가 빨라진다.

○

어 릴 때 습 관 을 들 이 자

어릴 때부터 '부모가 소리 내어 읽는 시범을 보여 주고 아이가 따라서 읽는' 습관을 들이자.

4장에서 아이가 초등학생이 되면 책 읽어 주기를 중단하는 부모가 많다고 했는데, 건너뛰며 읽는 나쁜 습관이 붙으면 고치기 어렵다. 초등학교 1~2학년 때는 아이가 소리 내어 읽는 시간을 만들어 주자.

1분에 1,000자를 읽자

그림 22

STEP 1 부모가 소리 내어 읽는 시범을 보인다

STEP 2 아이가 소리 내어 읽는다

바르게 읽는 방법을 이해하고, 반복해서 소리 내어 읽으면
읽는 힘이 분명히 는다

52

저학년 때는
같은 책을 여러 번
읽는 것이 효과적이다

국어력을 기르는 데는 같은 책을 여러 번 읽는 방법이 대단히 효과

적이다.

우리 학원에서는 초등학교 저학년 때 책 한 권을 한 달(40분 수업 4회)

동안 읽는 수업을 한다.

●

반복해서 읽기의 중요성

수업 중에 몇 번이고 읽는 데다가 집에서도 반복하여 그 작품을 철저하게 읽도록 하는 것이다.

그처럼 반복해서 읽으면 여러 단어와 표현을 외울 수 있고 한두 번 읽었을 때는 깨닫지 못했던 저자의 의도와 주인공의 미묘한 심리 변화 등도 깨닫게 된다.

또 반복해서 읽음으로써 주인공뿐 아니라 다른 등장인물의 처지에 관해서도 생각하고 새로운 관점이 생기기도 한다.

그런 식으로 작품에 포함되어 있는 모든 요소를 읽어 내는 것은 국어력을 향상시키는 중요한 열쇠가 된다. 한 번 읽고 즐기는 보통의 독서와는 의미도 목적도 다르다.

한 번만 읽어선 안 되는 이유

아이들은 처음 읽을 때는 구두점을 무시하기도 하고 단어의 뜻을 파악하지 못하기도 한다. 두 번, 세 번 반복해서 읽으면 비로소 감정을 담아서 읽게 된다.

아이가 어릴 때 같은 책을 몇 번씩 읽어 주면서 "이때 주인공은 어떤 생각을 했을까?", "왜 주인공은 이런 일을 했지?" 하는 이야기를 나누어 책 한 권을 철저하게 읽는 습관을 붙이자.

53

짧고
간결하게
서술한다

국어 서술형 문제에 답을 쓰거나 작문을 할 때 많은 학생이 '주저리 주저리 길게' 쓴다. 이렇게 쓰는 이유는 표현력, 문장력이 부족해서라 기보다 교육을 잘못 받았을 가능성이 많다.

왜냐하면 초등학생 때는 긴 문장을 쓰면 좋은 평가를 받는 경향이 있기 때문이다.

길게 쓰는 것이 문장력이 있다는 의미는 아니다

물론 초등학교 1, 2학년 아이가 400자 정도 되는 긴 작문을 했다면 그것은 그것대로 훌륭한 일이다. 그 정도로 긴 문장을 쓸 수 있다는 것은 분명 높이 살 만하다.

다만 긴 작문을 할 수 있다면 이제는 다음 단계로 이끌어 주어야 한다. 길게 쓸 수 있다는 것이 곧 문장력이 있다는 뜻은 아니기 때문이다.

서술형 문제든, 감상문이든 무엇보다도 중요한 것은 '읽는 사람에게 말하고자 하는 바를 분명하게 전달하는 것'이다. 긴 문장을 쓴다는 것만으로 높이 평가할 수는 없다.

초등학교 4~5학년이 되면 자신이 전달하고 싶은 내용을 짧고 간결하게 쓰는 연습을 시켜야 한다.

●

이런 문장을 쓰고 있지 않은가?

예컨대 '불꽃놀이를 보러 갔다'는 사실을 일기에 쓴다고 하자.

그럴 때 글자 수를 늘리려는 아이는 '불꽃놀이를 보러 갔는데 재미있었다. 굉장히 예쁘고 재미있어서 정말 즐거웠다……' 식으로 같은 말을 여러 번 쓴다.

하지만 그 내용을 전달하는 데는 '불꽃놀이를 보러 갔는데 참 예뻤다' 한 문장이면 된다. 이 편이 말하고자 하는 내용을 분명하게 상대방에게 전할 수 있다.

그렇지만 이렇게 말하면 "그럼 글자 수를 어떻게 채우죠?" 하는 질문이 당연히 나온다.

작문은 400자 등 글자 수(매수)가 정해져 있고 시험에서도 '50자로 쓰시오'처럼 글자 수를 제한하므로 글자 수가 너무 적으면 점수를 받을 수 없다.

주저리주저리 늘어놓는 원인

여기서 해야 하는 것은 '글자 수를 늘리는 것'이 아니라 '써야 할 내용을 정리하고 끄집어내는 작업'이다.

써야 할 내용이 정리되지 않으니 같은 말을 되풀이해서 쓰는 것이다.

작문하는 방법(써야 할 내용을 끄집어내는 방법)은 다음 항목에서 자세히 설명하겠지만 우선 고학년이 될수록 '짧고 간결하게 쓴다'고 의식해야 한다.

정말 써야 할 내용을 짧고 간결한 문장으로 정리하는 것을 목표로 문장력, 표현력을 길러야 한다.

'긴 문장을 쓸 수 있다＝문장력이 있다'가 아니다

그림 23

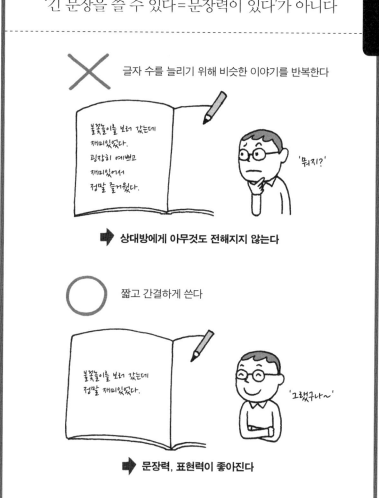

✕ 글자 수를 늘리기 위해 비슷한 이야기를 반복한다

> 불꽃놀이를 보러 갔는데 재미있었다. 굉장히 예쁘고 재미있어서 정말 즐거웠다.

'뭐지?'

➡ **상대방에게 아무것도 전해지지 않는다**

〇 짧고 간결하게 쓴다

> 불꽃놀이를 보러 갔는데 정말 재미있었다.

'그랬구나~'

➡ **문장력, 표현력이 좋아진다**

54

작문이 술술 되는
기본적 접근법

예나 지금이나 과제 도서를 읽고 감상문을 쓰라거나, 주제를 정해

작문하라는 수업에는 변함이 없다. 그런데 돌이켜보면 작문 방법을 제

대로 배운 경험은 별로 없지 않은가?

현재도 대부분 같은 상황이고 심지어 자유롭게 쓰면 된다는 풍조만

강해졌다. 나는 이건 큰 문제라고 생각한다.

자유롭게 쓰라고 하면 쓰기 어렵다

애초에 초등학생에게 "자유롭게 쓰렴." 하고 내버려 두면 글을 쓰는 능력이 생기지 않는다. 물론 개중에는 가르쳐 주지 않아도 훌륭하게 글을 쓰는 아이도 있다. 하지만 대부분의 아이는 기본적인 작문 방법을 배울 필요가 있다. 자유롭게 마음 가는 대로 쓰는 것은 기본적인 작문 방법을 익힌 다음의 이야기다.

나는 초등학교 저학년 수업에서 과제 도서를 읽고 세 시간 내에 감상문을 쓰라고 한다. 이것은 작문뿐 아니라 독해력 향상에도 큰 도움이 되는 좋은 방법이다.

책을 읽으면 우선 선생님이 준비한 유인물을 사용해서 내용을 정리한다. 예를 들면 유인물에는 다음과 같은 질문을 담는다.

● 주인공이 살고 있는 곳은 어디인가요?

● (돌고래가 나오는 이야기라면) 돌고래의 등지느러미는 어느 부분인가요?

● (자원봉사라는 단어가 나왔다면) 자원봉사란 무엇인가요?

● (맹도견 이야기라면) 우리나라에는 맹도견이 몇 마리나 있을까요?

이와 같이 책 속에 등장하는 말, 정보, 상황을 묻는 질문에 빈칸을 메워 가는 연습을 시킨다.

원래 아이들은 의도적으로 정보를 정리하는 방법을 제시하지 않으면 스스로 정리할 줄 모른다.

아이들은 유인물에 쓰인 질문을 보고 비로소 '정보와 상황을 정리하고' '단어의 의미에 주목하는' 감각을 배운다.

물론 한 번 읽고 모든 질문에 대답할 수는 없으므로 다시 책을 펼쳐서 해당 페이지를 찾거나 다시 읽어야 할 것이다.

이렇게 반복하면 책의 내용을 제대로 이해하고 정보를 흡수하여 읽는 힘이 커진다. 이것은 말할 것도 없이 독해력의 기본이 된다.

'책을 읽고 자유롭게 작문을 하시오'라고만 해서는 이러한 독해 방법을 익힐 수 없다.

우선 이 점을 학부모가 이해해야 한다.

○

준비한 선택지를 아이가 고른다

정보의 수집과 정리가 어느 정도 끝나면 이번에는 어떤 '작전'으로 글을 쓸지 아이가 선택하게 한다.

이 작전이라는 발상이 매우 중요하다.

다만 이때도 그냥 자유롭게 생각하라고 할 게 아니라 선택지를 몇 개 준비해서 고르게 한다.

예를 들면 다음과 같은 작전을 제시할 수 있다.

● 만약 내가 주인공이었다면 어땠을지 생각한다.

● 이 책에서 새로 알게 된 사실은 무엇인지 주목한다.

● 기뻤던 부분, 재미있었던 부분, 슬펐던 부분 등 감정을 중시한다.

● 가장 인상 깊게 남은 부분에 주목하여 깊이 살펴본다.

물론 이 밖에도 여러 작전이 있지만 우선은 이와 같은 기본 접근 방식을 아이에게 알려 주고 고르게 하는 것이 중요하다.

만약 내가 주인공이었다면 어땠을지 생각해 보는 작전을 골랐다면 '이 장면에서 나는 어떤 행동을 할까?', '그런 말을 들었다면 나는 어떤 마음이 될까?'를 곰곰이 생각하게 한다.

이러한 '작문 방법', '구성 요령' 등을 제대로 배운 적이 있는 사람은 드물 것이다.

그렇지만 적어도 그 정도 기본 패턴을 생각하고 작문을 시작하지 않으면 문장력이 생기지 않는다.

개성을 중시하고 자유롭게 생각하는 교육도 중요하지만 아무것도

가르쳐 주지 않고 '그냥 해 보라'고만 해서는 익힐 수 없는 능력이 있

는 것도 사실이다.

●

작문을 첨삭하여 더욱 파워 업!

나는 수업에서 아이가 쓴 작문을 첨삭하는 것까지 지도한다. 이것은

학교에서도 잘 하지 않는 일인데 완성된 작문을 보면서 "여기는 '그러

나'라는 접속사를 넣어 보면 어떨까?", "이왕 네가 주인공이 되었다는

마음으로 썼으니까 이 부분에서 어떻게 느꼈는지 좀 더 자세히 써 보

는 것도 좋지 않을까?" 등 어디까지나 제안하는 느낌으로 작문을 다듬

도록 돕는다.

기본 패턴을 배우고 기본적 문장력, 구성력, 표현력을 익힌다. 그러

고 나서 자유롭게 쓴다. 이것이 아이에게 필요한 순서다.

그림 24

작문 · 감상문 공략법

❶ 만약 내가 주인공이었다면 어땠을까 작전

❷ 기뻤다, 슬펐다 작전

❸ 가장 인상에 남은 부분 작전

55

선다형 문제를
돌파하는 요령은
틀린 부분 찾기

국어

지문을 읽고 답을 고르는 선다형 문제에서 '보기를 선택하는 요령'

이 있다.

초등학교 고학년에 올라가면 국어 지문 독해(특히 선다형 문제)가 급격

하게 어려워진다.

이전까지는 보기에 '명백한 정답'이 들어 있어서 어느 정도 독해력

이 있는 아이라면 망설임 없이 정답을 고를 수 있었다.

그런데 고학년이 되면 한눈에 들어오는 정답이 없고 오지선다에서 서너 개의 보기가 맞는 얘기처럼 느껴지는 알쏭달쏭한 상황에 처한다. 여기서 아이들은 고민에 빠진다.

그럴 때 필요한 것이 틀린 부분을 찾는 감각이다.

보기로 나온 문장의 전체적인 느낌에 흔들리지 않고 어디가 잘못되었는지 틀린 부분을 발견해서 하나씩 제외해 가는 방식이다.

●

전형적인 함정 문제의 패턴

'밑줄 친 부분에서 주인공의 마음은?'이라는 문제가 있고 정답처럼 보이는 보기가 여러 개 있다고 생각해 보자.

지문의 전반부에서는 주인공이 화가 났는데 후반에서는 즐거운 마음이 되는 흐름이었고 전반부에 밑줄이 그어져 있다.

즉, 주인공은 마지막에는 즐거운 마음이지만 밑줄이 그어진 단계에서는 아직 화가 나 있다. 그런 부분을 문제로 낸 것이다.

그러면 당연히 즐겁다는 감정이 포함되어 있는 보기는 모두 틀린 답이다.

이런 문제는 이야기 전체의 느낌에 얽매여 주인공이 어떤 마음인지 헷갈릴 수 있지만 보기 중에서 틀린 부분을 먼저 찾겠다는 발상으로 생각하면 비교적 쉽게 풀 수 있다.

56

'빨래는 어떻게 마를까?'라는
실생활 연계 시험문제

입시의 과학 문제는 일상적인 경험과 관련해서 출제되기도 한다. 원래 세상에서 일어나는 일을 합리적으로 해명하는 것이 과학이라는 분야이므로 어찌 보면 당연한 이야기다.

일상생활에서 출제된다!

빨래와 연관된 문제가 입시에 출제된 적도 있다.

앞에서 산책이나 장보기 등 일상 속에서 배울 것이 많다고 설명했는데 그런 일상의 순간에 부모와 아이가 어떤 이야기를 나누는지가 과학에서는 대단히 중요하다.

예를 들어 '빨래는 어떻게 마르는 걸까?'가 소재라면 "물이 증발해서 점점 건조되는 거야." 하고 이야기하는 것도 좋고 빨래가 빨리 마르는 조건은 무엇인지 생각해 보는 것도 좋다.

그러면 음지보다는 양지에서 잘 마른다거나 바람이 잘 불면 금방 마른다는 대화까지 할 것이다. 이런 것은 어른이라면 누구나 아는 상식이다.

●

과학적 감각을 키우는 법

그런 일상적이고 당연한 일을 두고 왜 그럴까 생각하는 것이 사실 과학적 감각이나 흥미를 키우는 중요한 포인트다.

물론 일상의 모든 것을 '공부!'라는 자세로 달려들 필요는 없다.

일상적으로 대화할 때 호기심과 궁금증을 자극하는 말을 섞어서 하는 정도로도 아이가 과학을 대하는 의식과 감각이 달라진다. 특히 저학년일 때는 그런 대화가 큰 차이를 낳는다는 점을 유의하자.

57

고구마도
훌륭한 교재

평소 자녀와 함께 식사를 할 때 '식탁에 오른 식재료'를 화제로 삼는 것도 좋은 방법이다.

고구마튀김을 먹으면서 "고구마는 어떻게 자라는지 아니?" 하고 이야기를 나누는 것만으로 충분하다.

○

채 소 , 고 기 , 생 선 , 뭐 든 지 좋 다

조금 더 깊은 지식을 이야기하고 싶다면 "고구마는 뿌리 부분이 굵어져서 열매가 되고 감자는 줄기 부분이 커져서 열매가 되는 거야." 하고 대화한다.

"이 채소는 땅 위에서 자랄까 땅 밑에서 자랄까?" 이런 이야기도 좋고 수확 시기를 이야기해도 좋다.

과학에서 사회 과목으로 넘어가는 얘기지만 그 채소가 어디서 왔는지까지 함께 이야기해도 좋다.

요즘은 생선을 토막 난 것밖에 본 적이 없다는 아이들도 많은데 연어 구이 한 토막을 앞에 두고 "이거 무슨 생선인지 아니?" 하고 물어보는 것도 좋다.

한 걸음 더 나아가 "흰 살 생선이랑 붉은 살 생선은 어떻게 다를까?"로 화제를 넓힌다면 훌륭하다.

무리는 하지 않아도 된다

과도하게 공부 느낌을 낼 필요는 없고 아이를 위해서 부모가 무리하게 공부하지 않아도 괜찮다. 알고 있는 이야기를 하면 된다. 그런 이야기를 하는 것과 하지 않는 것에는 큰 차이가 있다.

아이가 학교나 학원에서 뭔가 배웠을 때 "아, 그거 나도 알아!", "엄마가 했던 얘기다.", "전에 먹어 본 적 있어." 하면서 일상과 연결 짓는 순간이 늘어나면 그것만으로도 흥미를 갖고 공부할 수 있다.

그 토양을 자연스럽게 만들어 주자.

58

과학 실험 강좌는
꼼꼼하게 살펴
선택한다

입시에 자주 나오는 '실험 문제'도 간과할 수 없다.

예를 들면 이파리 앞면과 뒷면에 알루미늄포일을 붙인 후 어떤 차이가 나타나는지, 혹은 그 결과에서 무엇을 알 수 있는지 등을 묻는 문제가 나오기도 한다.

여기서 중요한 점은 당연히 '실험을 체험하는 것'이다.

아무리 교과서로 공부해도 실제로 체험하지 않으면 알 수 없는 요소가 많을 뿐 아니라 기억에 남는 정도도 다르다.

아이가 "오늘 학교에서 실험을 했어요." 하면 "어떤 실험이었는데?" 하고 관심을 갖고 이야기를 들어주고 "다음 실험도 엄마한테 얘기해 줘." 하고 이야기한다.

그런 대화를 하는 것만으로도 아이는 실험을 즐기게 되고 엄마한테 설명해야겠다고 생각하여 그만큼 더 진지하게 실험에 임한다.

또 여름방학 숙제로 관찰 일기 등을 쓸 때는 성실하게 하는 것이 중요하다. 그까짓 숙제는 대충 하면 된다거나 그런 게 무슨 의미가 있느냐고 부정적인 말을 하는 부모도 간혹 있는데 실험이나 관찰을 체험할 수 있는 귀중한 기회라는 점을 이해하기 바란다.

'무슨 실험인지' 분명히 하자

다만 시중의 '과학 실험 강좌'를 선택할 때는 조금 주의가 필요하다.

요즘 과학 실험이 인기 있다 보니 방과 후 교실이나 문화센터, 사설 교육 기관 등 많은 업체와 기관에서 강좌를 개설하고 있다.

물론 이들 과학 실험 강좌에서 실험을 체험하는 것은 좋은 일이다.

다만 교육보다 사업으로 접근해서 '아이가 좋아하는 화려한 실험'에 치중하는 강좌는 주의해야 한다. 화려한 실험은 분명 보기에 즐겁고 아이가 즐거워하니 부모도 반기지만 대체 무슨 실험인지 모호할 때가 종종 있다.

현란한 불꽃이 터지고 기구를 만들어서 하늘로 날려 보내는 등 보기에는 멋지지만 한 번의 실험으로 끝날 뿐 무슨 실험인지 아이에게 전혀 설명하지 않는 경우도 있다. 그래서는 마술 쇼 구경이나 다름이 없다.

적어도 어떤 실험인지, 이 실험으로 뭘 알 수 있는지 명

료하게 설명해 주는 실험 수업을 선택해야 한다.

또 한 가지, '총정리'와 '보고'에 치중하는 곳도 그다지 추천하지 않는다. 실험 종료 후 잘 정리된 보고서를 작성하거나 "부모님께 실험 내용을 잘 설명하자."고 하면서 어떻게 설명해야 하는지 방법까지 일일이 지도하는 교실도 가끔 있다.

언뜻 보아 좋은 과학 실험 수업 같지만 실험을 체험하고 그 실험으로 무엇을 알 수 있는지 이해한다는 본래의 취지에서 벗어난다.

●

추천하고 싶은 과학 실험 수업

추천하고 싶은 수업은 은퇴한 초등학교 선생님이 가르치는 과학 실험 강좌다. 지역에 따라 다르지만 방과 후 교실, 문화센터 같은 곳에 강의가 개설되어 있다. 학교에서 하는 실험을 차분하게 해설해 주기 때문에 실험과 공부가 직결되기 쉽다.

과학 실험 강좌 활용 방법

그림 25

어떤 실험인지 모른다

➡ **마술 쇼나 다름없어서 공부로 이어지지 않는다**

어떤 실험인지 분명히 설명한다

➡ **실험과 공부가 직결되어 기억에 남는다**

59

아이와 함께
집에서 할 수 있는
실험을 하자

과학 실험이라고 하면 거창한 것을 떠올리거나 과학 지식을 충분히

갖추어야 할 수 있다고 생각하기 쉽지만 사실 집에서도 간단히 할

수 있는 실험은 많다.

예를 들면 컵에 물을 가득 채워서 표면장력을 체험하는 것도 훌륭한

실험이다.

조금 더 보탠다면 그 상태에서 십 원짜리 동전을 수면에 얹으면 뜨는데 거기에 세제(계면활성제)를 넣으면 동전은 가라앉는다.

이런 간단한 실험으로도 '표현장력이란 어떤 걸까', '왜 세제를 넣자 동전이 가라앉았을까?'를 공부할 수 있다.

●

집 에 서 할 수 있 는 실 험 도 많 다

식용색소를 푼 물에 샐러리를 담그는 실험도 추천한다. 한 시간 정도면 색이 물들기 시작하며 한 나절이 지나면 새빨갛게 물든다. '식물 속 물관이 어떻게 되어 있는지' 확인할 수 있다.

그 밖에 '100원짜리 동전을 산(식초, 타바스코 소스 등)으로 닦으면 반짝반짝해지는 실험'도 간단해서 추천한다.

최근에는 집에서 쉽게 할 수 있는 실험집도 나오는데다 인터넷에서 조사하면 얼마든지 찾을 수 있으므로 시간이 날 때 안전하고 쉽게 할 수 있는 실험을 해 보자.

○

부모가 흥미로워하면 틀림없이 아이도 관심을 보인다

이때 중요한 것은 부모가 함께 즐기는 것이다.

앞에서 '부모가 공부를 좋아하는 척하라'고 이야기했듯이 "와, 굉장하다!", "이거 어떻게 이렇게 되지?" 하고 부모가 흥미를 보이면 아이도 거기에 관심을 갖는다.

"우리 애는 과학에 별로 관심이 없어서……." 하며 한숨 쉬는 학부모도 있지만 그것은 부모가 흥미를 보이지 않았기 때문(혹은 흥미로운 척을 하지 않았기 때문)에 나타난 결과다.

60

그림에 많이
적어 넣을 수 있는
문제집을 고르자

문제집을 고를 때는 '그림에 많이 적어 넣을 수 있는 것'을 선택한다.

꼭 과학이 아니라도 문제집은 많이 써 넣는 것이라고 생각하자.

왜 적어 넣는 게 좋을까?

특히 과학 문제집은 그림에 여러 가지를 써 넣으며 사용하기 바란다. 과학은 '전류의 흐름', '도르래의 작용', '그래프 읽는 법' 등 문제에 딸려 있는 그림에 써 넣으며 푸는 문제가 많기 때문이다.

국어든 수학이든 사회든 문제집에 많이 써 넣는 게 좋다.

때로 공책에 따로 해답을 적으면서 문제집을 깨끗하게 사용하고 다음번에 또 풀어 본다는 학생도 있는데, 나는 문제집에 많이 써 넣는 편이 좋다고 생각한다.

답을 공책에 적으면, 객관식 문제에서 '가'를 선택했는데 정답이 '나'라고 할 때 그냥 공책에 빗금을 긋고 고치는 아이가 있다. '가'가 아니라 '나'였다는 것만 주목하고 '나'라는 답이 무엇인지에는 관심을 두지 않는 것이다. 이것은 본말이 전도된 일이다.

그런데 문제집에 적어 넣었다면 '나'라는 답의 내용까지

틀림없이 눈에 들어온다. 사소한 일이지만 그런 공부법의 차이

가 의외로 큰 차이를 만든다.

○

같은 문제집을 반복해서 푼다

그렇게 해서 같은 문제집을 반복해서 풀자. 저렴하고 얇은 문제집도

많으므로 같은 것으로 두 권 세 권 살 요량으로 많이 써 넣으면서 푸는

게 좋다.

물론 써 넣기 위해서는 당연히 큰 문제집이 적합하다.

61

학교에서
가르치지 않는
근현대가 포인트

학교에서는 근현대를 별로 집중해서 가르치지 않는다. 그 이유는 단순하다. 고대부터 수업을 시작해 근현대에 이르면 시간이 부족하기 때문이다.

심할 때는 근현대는 전혀 건드리지도 못한 채 한 해를 보내기도 한다.

그렇다고 학교에 불평을 해 봐야 소용이 없으니 그 부분은 가정이나 학원에서 채울 수밖에 없다.

가정에서 아이와 함께 교과서를 읽고 그 시대 배경이나 중요한 사건을 확인하고 문제집을 푸는 등 기본적인 공부를 하면 좋다.

뭔가 특별한 것을 할 필요는 없지만 적어도 '시험에서는 근현대가 중요함에도 학교 수업에서는 충분히 가르치지 않는다'는 점을 염두에 두자.

○

세계의 움직임, 뉴스에 관심을 갖자

실제 입시에서는 '선거제도의 흐름', '조세제도 변천과 시대 배경', '냉전과 냉전 후의 세계정세' 등을 묻는 일이 많으므로 뉴스를 보거나 신문을 읽는 것이 대단히 유용하다.

그렇지만 초등학생에게 억지로 시킬 필요는 없다.

아이 스스로 흥미를 느끼거나 읽는다면 몰라도, "신문을 읽어

라.", "이 시간에는 뉴스를 보는 걸로 하자." 하고 몰아붙

일 필요는 없다는 얘기다.

여기서도 중요한 것은 부모 자신이 신문을 읽거나 뉴스를 보면서 "러시아랑 우크라이나가 큰일이구나", "허리케인이 발생해서 피해가 엄청나네." 하고 관심을 보이며 조금씩 대화를 하는 것이다.

그런 식으로 '세계에서 일어나는 일'과 '뉴스'에 관심을 갖는 자세를 보이는 것이 아이에게 큰 영향을 준다.

62

거실에
지도와 지구본을
놓아 두자

내일부터라도 꼭 실천하기 바라는 것은 거실에 '뭔가 조사할 수 있
는 것'을 두는 것이다.

사전이나 시사용어집 등 뭐든 좋다. 혹은 태블릿 PC를 두어도 좋으
니 "좀 알아볼까?" 하면서 가볍게 찾아볼 수 있는 환경을
만드는 게 중요하다.

텔레비전을 보다가도 찾아보는 분위기를 만든다

사전과 함께 놓아 두기 바라는 것이 지도와 지구본이다.

손 닿는 곳에 지도가 있으면 텔레비전에서 러시아와 우크라이나 문제가 나오는 걸 보고 우크라이나가 어디에 있는지 자연스럽게 찾아보는 분위기가 만들어진다.

지도 속 여기저기에 여러 정보가 주석으로 달려 있는 초등학생용 지도나 지도책을 추천한다. 아이들이 재미있게 볼 수 있다.

실제로 지도를 찾아보면 '우크라이나는 러시아 바로 서쪽에 있구나', '흑해에 면해 있구나', '북쪽에는 벨라루스라는 나라가 있네' 하고 많은 것을 알게 된다.

그렇게 해서 지도를 자주 보면 아이의 지리 감각이 좋아지고 지리에 관심도 많아진다.

설령 러시아와 우크라이나 문제에 관심이 없더라도 동유럽 지리가 조금이나마 머릿속에 들어오면 그것만으로도 좋은 일이다.

반드시 거실에 지도를 두고 궁금한 점은 찾아보는 습관을 들일 수 있게 온 가족이 힘쓰자.

또 지도는 아니지만 거실에 두면 좋은 것이 지도 퍼즐이다. 세계지도나 우리나라 지도를 본떠 만든 지그소 퍼즐을 맞추면서 각 나라와 도시 이름 등을 알 수 있다.

63

지리 공부는
백지도를 활용한다

초등학생의 구체적인 공부법으로 '백지도에 다양한 정보를 써 넣는 것'도 효과적이다.

최근에는 백지도에 산맥과 강, 공업 지대 이름, 과일과 농작물의 산지 등을 기입하는 교재도 많이 나오고 있으니 부디 활용하기 바란다.

빈칸을 채우면 암기가 쑥쑥

평범한 지도를 보면서 백지도의 빈칸을 채워 가는 것만으로도 좋다.

똑같은 일을 수업 시간에도 하는데 아이들은 신나게 그런 작업을 한다. 퍼즐 칸을 메우는 놀이와 비슷한 느낌으로 하는 것이다.

그러는 사이 아이는 강과 산맥, 도시 이름 등을 외운다.

역사도 완벽하게! 연표 만들기

암기법에서도 소개했는데 역사 공부를 할 때는 연표를 만드는 방법을 추천한다.

스스로 오리지널 연표를 만드는 것이 가장 좋지만 쉽지 않다면 역사 체험 워크북을 사용해도 괜찮다.

교과서에 있는 연표를 그저 들여다보기만 할 때는 도무지 머리에 들

어오지 않았던 정보나 역사의 흐름이 스스로 연표를 만들어 보고 워크

북으로 체험 활동을 하다 보면 생생하게 이해된다.

64

역사의 흐름을
장르별로 정리한다

역사 공부를 하고 연표를 만들 때 '장르별로 정리해 보기'를 꼭 시

키자.

한마디로 역사라고 하지만 자세히 보면 정치사, 문화사 등 몇 가지

장르로 나뉜다.

일반적인 역사 수업은 오래된 시대부터 순서대로 진행하기 때문에

어느 정도까지 정치사를 다룬 후에 조금 거슬러 올라가 문화사를 이야기하고 다시 정치사로 돌아오는 식이어서 흐름이 끊긴다. 그러다 보면 한 장르에서 어떤 식으로 역사의 흐름이 이어지는지 파악하기 어렵다.

●

흐름을 이해하면 기억에 정착된다

그러니 집에서 공부할 때는 정치사면 정치사, 문화사면 문화사라는 장르에 따라 일련의 흐름을 정리하는 게 좋다.

역사는 흐름을 이해하는 것이 가장 중요하다. 기억에 정착되기도 쉽다.

장르별로 특정한 연표를 만들어 보면 무엇보다도 중요한 '흐름'을 자기 나름대로 파악할 수 있다.

65

서로
문제 내고 맞히기가
최고의 공부법

사회 과목은 용어와 연대, 지명 등을 외우는 것이 중요하다.

그러기에 가장 좋은 공부법은 뭐니 뭐니 해도 친구끼리 서로 문제를 내고 맞히는 것이다.

한 친구가 교과서를 보면서 문제를 내고 다른 친구는 대답한다. 퀴

즈처럼 서로 번갈아 문제를 내고 맞히면 확실하게 지식이 정착된다.

엄마와 아이가 하는 것도 아주 좋다. 이때 부모가 문제를 내고 아이가

대답하는 방식만 고수하지 말고 아이와 교대로 문제를 내고 맞힌다.

아 이 는 문 제 내 는 것 을 좋 아 한 다

내 경험상 아이들은 문제 내는 것을 아주 좋아한다.

어른이 대답을 하는 상황이면 더 신이 나서 "그럼 이거

알아요? 다음 문제는……." 하면서 문제를 낸다.

'어떤 문제를 낼까?', '어떤 부분이 중요할까', '어디가 어렵고 틀리

기 쉬울까'를 생각하면서 문제를 내는 것도 큰 공부가 된다.

놀이하는 기분으로 서로 문제를 내기 바란다.

그게 어렵다면 '나라 이름'이나 '수도' 등 알고 있는 것을 서로 말하

는 것도 공부가 되므로 권장한다.

그림 26

서로 문제를 내는 것은 최고의 공부법

**때로는 아이도
문제를 내게 하자**

66
설명 듣고 용어 맞히기,
용어 듣고 설명하기

사회 과목을 공부할 때는 대개 '설명을 듣고 용어를 맞히는' 방식으로 암기한다.

문제를 내고 맞히는 경우에도 "전 세계가 함께 보호해야 할 인류의 재산으로 유네스코에서 지정한 유·무형의 문화재는?" 하고 물으면 "세계유산." 하고 대답하는 식이다.

물론 초등학교 저학년일 때에는 이 방법도 괜찮지만 초등학교 5~6학년이 되고 중학교 입시를 생각하고 있다면 반대로 '용어를 듣고 설명하는' 방식으로 바꾸어야 한다.

예를 들면 "세계유산을 지정하는 이유는?", "우리나라의 세계유산은?"과 같은 질문에 대답할 수 있을 정도면 된다.

물론 용어를 맞히는 것보다 용어를 설명하는 쪽이 훨씬 어렵지만 이 단계를 거치고 나면 진정한 지식을 갖출 것이다.

조금 어려운 공부법이지만 서서히 병행해 보자.

67

4학년까지
해 둘 일들

마지막으로 사회 과목에서 4학년까지 해 두면 좋은 게 한 가지 있다.

그것은 광역 자치단체와 도청 소재지를 외우는 것이다.

'전국의 1특별시, 6광역시, 1특별자치시, 8도, 1특별자치도와 도청

소재지를 어떻게 다 외운담!' 하고 생각하는 부모도 있을지 모르겠지

만 퀴즈처럼 조금씩 외우면 되고 열 살 정도까지 아이의 기억력은 대

단히 뛰어나다.

여기에 한 가지 추가하면 귤, 사과, 배 등 채소와 과일의 산지를 외워 두면 더 좋다. 사회 과목은 'ㅇㅇ의 산지는 어디인가?'가 중요하다.

귤의 주산지는 제주도, 사과는 청송, 배는 나주 등 대략적으로 파악해 두면 충분하다. 그렇게 '귤과 사과'부터 시작해서 각종 과일과 채소의 주산지와 수확량, 물고기 종류와 어획량 등으로 흥미와 지식을 넓혀 가면 실력이 쑥쑥 자란다.

맺음말

끝까지 읽어 주신 여러분께 감사드립니다.

이 책은 '어떻게 아이의 공부 의욕을 북돋워 알아서 잘하는 공부의 신이 되게 할까'를 설명합니다. 공부 의욕을 북돋는 일은 예나 지금이나 변함없이 어려운 일이고 부모에게는 끝없는 고민의 씨앗일 겁니다. 이 책은 그런 어머니들께 드리는 '처방전'으로 아이를 어떻게 가르쳐야 하는지 구체적인 방법을 제시합니다.

그렇지만 이 책의 내용을 전부 실행하려고 하지는 마십시오.

그러다 보면 자녀 교육이 너무 힘겨워지니까요. 가장 중요한 것은 어머니 자신이 즐겁게 아이를 키우는 것입니다. 어머니가 즐겁다면 아이는 분명히 그 마음을 느낍니다.

인터넷과 비디오게임의 보급 등 아이를 둘러싼 환경은 쉴 새 없이 변화하고 있습니다. 아이들을 유혹하는 요소가 넘쳐나는 환경에서 자녀 교육은 힘든 일입니다. 그래서 '어떻게 하면 아이가 공부를 할까?' 고민하는 어머니가 많이 늘었습니다.

그렇지만 아이가 성장하는 포인트는 예나 지금이나 변함이 없습니다. 자신의 어린 시절을 떠올려 보면서 무리하지 말고 지금 시대에 맞추어 교육하기 바랍니다.

이 책의 출간에 많은 분이 협력해 주셨습니다. 집필을 위해 귀중한

316

시간을 할애해 준 나카무라 씨, 이다 씨에게 깊은 감사의 말씀을 전합니다. 정말 고맙습니다.

또 책의 작성에 관해 조언해 주신 어머니들, 몇 번이나 원고를 교정해 주신 야쿠야마 씨, 후루야 씨에게 감사드립니다. 바쁜 와중에 든든하게 도움을 주서서 고맙습니다.

마지막으로 지금까지 만난 모든 아버지 어머니와 아이들에게 감사합니다. 지금껏 만난 한 사람 한 사람이 이 책을 집필하는 원동력이자 버팀목이 되었습니다.

이 책이 어머니들의 자녀 교육에 조금이라도 도움이 된다면 더없이 기쁘겠습니다.

2014년 8월
수학과학 전문학원 엘카미노 대표 무라카미 료이치

하루 10분 엄마 습관

1판 1쇄 발행   2012년 7월 10일
1판 15쇄 발행   2020년 2월 7일

지은이   무라카미 료이치
옮긴이   최려진
펴낸이   유성권

펴낸곳   ㈜이퍼블릭
출판등록   1970년 7월 28일, 제1-170호
주소   서울시 양천구 목동서로 211 법문빌딩 (07995)
대표전화   02-2653-5131 | 팩스 02-2653-2455
메일   loginbook@epublic.co.kr
포스트   post.naver.com/epubliclogin
홈페이지   www.loginbook.com

로그인은 ㈜이퍼블릭의 실용서 브랜드입니다.